Arthur Kunz

Web-3D-Welten systematisch erzeugen

Diplomica® Verlag GmbH

Kunz, Arthur: Web-3D-Welten systematisch erzeugen, Hamburg, Diplomica Verlag GmbH 2010

ISBN: 978-3-8366-9195-6
Druck: Diplomica® Verlag GmbH, Hamburg, 2010

Bibliografische Information der Deutschen Nationalbibliothek:
Die Deutsche Nationalbibliothek verzeichnet diese Publikation in der Deutschen Nationalbibliografie; detaillierte bibliografische Daten sind im Internet über http://dnb.d-nb.de abrufbar.

Die digitale Ausgabe (eBook-Ausgabe) dieses Titels trägt die ISBN 978-3-8366-4195-1 und kann über den Handel oder den Verlag bezogen werden.

Dieses Werk ist urheberrechtlich geschützt. Die dadurch begründeten Rechte, insbesondere die der Übersetzung, des Nachdrucks, des Vortrags, der Entnahme von Abbildungen und Tabellen, der Funksendung, der Mikroverfilmung oder der Vervielfältigung auf anderen Wegen und der Speicherung in Datenverarbeitungsanlagen, bleiben, auch bei nur auszugsweiser Verwertung, vorbehalten. Eine Vervielfältigung dieses Werkes oder von Teilen dieses Werkes ist auch im Einzelfall nur in den Grenzen der gesetzlichen Bestimmungen des Urheberrechtsgesetzes der Bundesrepublik Deutschland in der jeweils geltenden Fassung zulässig. Sie ist grundsätzlich vergütungspflichtig. Zuwiderhandlungen unterliegen den Strafbestimmungen des Urheberrechtes.

Die Wiedergabe von Gebrauchsnamen, Handelsnamen, Warenbezeichnungen usw. in diesem Werk berechtigt auch ohne besondere Kennzeichnung nicht zu der Annahme, dass solche Namen im Sinne der Warenzeichen- und Markenschutz-Gesetzgebung als frei zu betrachten wären und daher von jedermann benutzt werden dürften.

Die Informationen in diesem Werk wurden mit Sorgfalt erarbeitet. Dennoch können Fehler nicht vollständig ausgeschlossen werden, und der Diplomica Verlag, die Autoren oder Übersetzer übernehmen keine juristische Verantwortung oder irgendeine Haftung für evtl. verbliebene fehlerhafte Angaben und deren Folgen.

© Diplomica Verlag GmbH
http://www.diplomica-verlag.de, Hamburg 2010
Printed in Germany

Danksagung

Danken möchte ich allen, die mich bei der Studie unterstützt haben:
Michael Alber, Marc Dalfino, Klaus Hämmerle, Steffen Kläger, Dr. Stefan Kuhlins, Hilda Kunz, Rainer Kunz, Julia Müller, Dragan Papic, Claudia Pittel, Prof. Dr. Helmut Beckmann, Prof. Dr. Michael Gröschel, Prof. Dr. Dieter Hertweck, Prof. Dr. Carsten Lanquillon, Prof. Dr. Sonja Salmen, Dimitri Rybak, Veronica Schüller und Jörg Zaumseil

Inhaltsverzeichnis

Abkürzungsverzeichnis x
Abbildungsverzeichnis xi
Tabellenverzeichnis xiv
Zusammenfassung xv
1. Einleitung 1
   1.1. Motivation 1
   1.2. Herausforderung 2
   1.3. Ziel der Studie 2
   1.4. Aufbau der Studie 2
2. Stand des Wissens 4
   2.1. Definitionen 4
      2.1.1. Augmented Reality (AR) 4
      2.1.2. 3D-Objekt 4
      2.1.3. 3D-Szene 5
      2.1.4. 3D-Web und Web-3D 5
      2.1.5. Virtuelle Welt 5
      2.1.6. Echtzeitvisualisierung 5
      2.1.7. Immersives Internet 5
   2.2. Vorgehensmodelle 6
      2.2.1. Übersicht 6
      2.2.2. Software Engineering und Web Engineering 6
         2.2.2.1. Geschichtliche Entwicklung und Definition 7
         2.2.2.2. Phasen 8
         2.2.2.3. Charakteristika von Web-Anwendungen 11
         2.2.2.4. Die UML-Methode 13
         2.2.2.5. Methode der agilen Softwareentwicklung 14
         2.2.2.6. Methode der modellgetriebenen Webentwicklung (MDWE) 16
      2.2.3. Multimedia-Produktion (kurz: MP) 17
         2.2.3.1. Definition und Charakteristika von Multimedia 17
         2.2.3.2. Die zusammengefassten Phasen der Multimedia-Produktion 19
         2.2.3.3. Multimedia-Anwendungsentwicklung nach Sawhney 21
         2.2.3.4. Workflow in der 3D-Visualisierung nach Höhl 23
   2.3. Technik 26
      2.3.1. Übersicht und Analyse von 3D-Plattformen 26

- 2.3.1.1. Grundlagen 26
- 2.3.1.2. Übersicht über 3D-Plattformen 26
  - 2.3.1.2.1 Der Gigant: Second Life 26
  - 2.3.1.2.2 Der Neuling: Twinity 27
  - 2.3.1.2.3 Der Hoffnungsträger: OpenSim 28
  - 2.3.1.2.4 Aus der Java-Welt: Project Wonderland 30
- 2.3.1.3. Analyse von 3D-Plattformen 33
  - 2.3.1.3.1 Kriterien 33
    - 2.3.1.3.1.1 Systemanforderungen 34
    - 2.3.1.3.1.2 Importierfähige Grafikformate 35
    - 2.3.1.3.1.3 3D-Grafikprogramme 35
    - 2.3.1.3.1.4 Skriptsprachen 35
  - 2.3.1.3.2 Vergleich 36
    - 2.3.1.3.2.1 Systemanforderungen 36
    - 2.3.1.3.2.2 3D-Grafikformate 39
    - 2.3.1.3.2.3 3D-Grafikprogramme 40
    - 2.3.1.3.2.4 Skriptsprachen 41
- 2.3.2. Modellierung von 3D-Welten 42
  - 2.3.2.1. Inworld-Build-Tool bei Second Life 43
  - 2.3.2.2. 3d Studio Max 44
  - 2.3.2.3. Blender 46
  - 2.3.2.4. Google SketchUp 46
- 2.3.3. Integration von 3D-Welten in existierende 3D-Plattformen 48
  - 2.3.3.1. Übersicht 48
  - 2.3.3.2. VRML (.wrl) 49
  - 2.3.3.3. X3D (.x3d) 50
  - 2.3.3.4. 3D-Studio File Format (.3ds) 51
  - 2.3.3.5. Wavefront Object (.obj) 52
  - 2.3.3.6. Collaborative Design Activity (kurz: Collada) (.dae) 53
  - 2.3.3.7. Andere Möglichkeiten der Integration in 3D-Plattformen 54
3. Ausarbeitung eines Gesamtmodells für die Entwicklung virtueller 3D-Anwendungen 55
  - 3.1. Anforderungen 55
  - 3.2. Entwicklung des neuen Modells (3DWebVM) 55
    - 3.2.1. Betrachtung und Zusammenführung der Phasen des Web Engineering und der Multimedia-Produktion 55
      - 3.2.1.1. WE: Problemdefinition und MP: Vorphase 56
      - 3.2.1.2. WE: Anforderungsanalyse und MP: Rohkonzept 57

   3.2.1.3. WE: Spezifikation und MP: Rohkonzept 58

   3.2.1.4. WE: Entwurf und Implementierung sowie MP: Preproduktion, Produktion und Postproduktion 59

   3.2.1.5. WE: Erprobung und Auslieferung sowie MP: Distribution 62

   3.2.1.6. Zusammenfassung aller Phasen im Phasenmodell des 3DWebVM 63

  3.2.2. Betrachtung der konkreten WE- und MP-Modelle hinsichtlich des 3DWebVM 63

   3.2.2.1. UML Methode 64

   3.2.2.2. Agile Softwareentwicklung 64

   3.2.2.3. Modellgetriebene Webentwicklung 65

   3.2.2.4. Multimediaentwicklung nach Sawhney 66

   3.2.2.5. 3D-Visualisierung nach Höhl 67

  3.2.3. Abdeckung der Eigenschaften von Web-, Multimedia- und 3D-Anwendungen 69

  3.2.4. Modellierung des 3DWebVM als Prozess 73

   3.2.4.1. Auswahl eines Modellierungswerkzeugs und der passenden Notation . 73

   3.2.4.2. Aufteilung der Hauptprozesse in EPK-Prozesswegweiser 74

   3.2.4.3. Eingrenzung der zu modellierenden Hauptprozesse 75

   3.2.4.4. Anforderungsanalyse Software & Medien 76

   3.2.4.5. FIV-Spezifikation 77

   3.2.4.6. Entwurf 78

   3.2.4.7. Implementierung 79

   3.2.4.8. Preproduktion 80

   3.2.4.9. Produktion 81

   3.2.4.10. Postproduktion 82

   3.2.4.11. Erprobung und Auslieferung 83

  3.2.5. Einordnung des 3DWebVM 84

   3.2.5.1. Ausbaustufe 84

   3.2.5.2. Submodelle 85

   3.2.5.3. Phasenabdeckung 86

   3.2.5.4. Gestaltungsdomäne 86

   3.2.5.5. Branchenspezifität 87

   3.2.5.6. Formalisierungsart 87

   3.2.5.7. Format 88

   3.2.5.8. Zusammenfassung 88

4. Umsetzung am Beispiel des KnowCubes der HHN 89

 4.1. Aufgabenstellung 89

 4.2. Analyse der Anforderungen 90

4.2.1.	Allgemein	90
4.2.2.	Analyse anhand der formulierten Anforderungen	91
4.2.3.	Zusammenfassung der Anforderungsanalyse	93
4.3.	Entwurf des KnowCube	94
4.4.	Implementierung des KnowCube	96
4.4.1.	Programmierung der 3D-Web-Schnittstelle	96
4.4.1.1.	Application-Server-Side	96
4.4.1.2.	3D-Server-Side	102
4.4.2.	Installation und Start des 3D-Servers	102
4.4.3.	Installation des Application-Servers	103
4.4.4.	Installation des 3D-Clients	103
4.4.5.	Installation von SketchUp inklusive der Plugins Ogre-Mesh-Exporter und OgreXMLConverter	103
4.5.	Preproduktion des Prototyps	105
4.5.1.	Modellierung des KnowCubes in SketchUp	105
4.5.2.	Erstellen einer Testtextur in Photoshop	106
4.5.3.	Texturierung des KnowCube in SketchUp	106
4.5.4.	Exportieren des KnowCubes aus SketchUp im Ogre-Mesh-Format	107
4.5.5.	Installation des Testservers und des Testclients	107
4.5.6.	Import der KnowCube-Daten auf dem Server über den Client	107
4.5.7.	Erstellen und Texturierung des KnowCube	108
4.6.	Produktion	110
4.6.1.	Modellierung des KnowCube	110
4.6.2.	Erstellung der Texturen	111
4.6.3.	Texturierung des KnowCubes	112
4.6.4.	Import der Inneneinrichtung aus der Google 3D-Galerie	112
4.6.5.	Exportieren des KnowCubes und der Einrichtung in das Ogre-Mesh-Format	113
4.7.	Postproduktion	114
4.7.1.	Import der 3D-Objekte auf den 3D-Server	114
4.7.2.	Import der Texturen und Texturierung der 3D-Objekte	114
4.7.3.	Assemblieren der 3D-Welt	114
4.8.	Erprobung und Auslieferung	116
4.8.1.	Validierung der Software	117
4.8.2.	Überprüfung der Inhalte der 3D-Welt	119
5.	Fazit	122
5.1.	Lessons learned	122
5.2.	Abgeleitete Erkenntnisse bezüglich des 3DWebVM	125

5.3.	Verbesserungsvorschläge für das 3DWebVM	125
5.4.	Ausblick	127

Literaturverzeichnis xix
Anhang xxvi
    3d Studio Max File Format (.3ds) Chunk-Tree-Referenz xxvi
    Keyword-Referenz des Wavefront-Object-Formats nach Datentyp xxx
    Ausführliche Darstellung des 3DWebVM nach dessen theoretischer Ausarbeitung (theoretisches Phasenmodell) xxxii
    Praktisch angepasstes Phasenmodell des 3DWebVM xxxiii
    RemoteAdmin Commands xxxiv

Abkürzungsverzeichnis

3DWebVM	3D-Web-Vorgehensmodell
AK-VMK	Arbeitskreis Vorgehensmodell-Katalog der Gesellschaft für Informatik
API	Application Programming Interface
ASE	Agile Software Entwicklung
CAD	Computer Assisted Design
CMS	Content Management System
DCC	Digital Content Creation
EPK	Ereignisgesteuerte Prozesskette
GI	Gesellschaft für Informatik
GP	Geschäftsprozess
IBT	Inworld-Build-Tool
IEEE	Institute of Electrical and Electronics Engineers
MDE	Model Driven Engineering
Mesh	Polygonnetz eines 3D-Objektes
MMORPG	Massively Multiplayer Online Role-Playing Game
MP	Multimedia-Produktion
OMT	Object Modeling Techique
OOM	Object Oriented Modeling
OSSL	OpenSim Scripting Language
Prim	Primitiver 3D-Körper
RIA	Rich Internet Applications
ROI	Return on Invest
SE	Software Engineering
SL	Second Life
UML	Unified Modeling Language
URL	Uniform Resource Locator
VM	Vorgehensmodell
VRML	Virtual Reality Modeling Language
WE	Web Engineering
XP	eXtreme Programming

Abbildungsverzeichnis

Abbildung 1: Gartner Hype Cycle 2
Abbildung 2: Eigenschaften von Web-Anwendungen 13
Abbildung 3: Multimedia als ein Konzept, das technische und anwendungsbezogene Dimensionen integriert 18
Abbildung 4: Eigenschaften von multimedialen Anwendungen 19
Abbildung 5: Modell der multimedialen Anwendungsentwicklung nach Sawhney 22
Abbildung 6: Ablauf der Medienherstellung nach Sawhney 23
Abbildung 7: Workflow der 3D-Visualisierung nach Höhl 25
Abbildung 8: Software-Stack von Wonderland in der aktuellen Version 0.5 32
Abbildung 9: Aus der Java-basierten Anwendung heraus wird die 3D-Welt zur immersiven Kommunikation erzeugt 33
Abbildung 10: KnowCube mit dem Second Life-builder modelliert 44
Abbildung 11: KnowCube und Umgebung mit Google SketchUp nachmodelliert 48
Abbildung 12: Entwicklung der Phase a Aufgabendefinition 57
Abbildung 13: Entwicklung der Phase b Anforderungsanalyse Software & Medien 58
Abbildung 14: Entwicklung der Phase c FIV-Spezifikation 59
Abbildung 15: Entwicklung der Phasen Entwurf, Implementierung, Preproduktion, Produktion und Postproduktion 61
Abbildung 16: Entwicklung der Phase g Erprobung und Auslieferung 62
Abbildung 17: Das Phasenmodell liefert das Grundgerüst des 3DWebVM 63
Abbildung 18: 3DWebVM Phasenabdeckung durch die UML Methode 64
Abbildung 19: 3DWebVM Phasenabdeckung durch agile Methoden 65
Abbildung 20: 3DWebVM Phasenabdeckung durch modellgetriebene Entwicklung 66
Abbildung 21: 3DWebVM Phasenabdeckung durch das Modell nach Sawhney 67
Abbildung 22: 3DWebVM Phasenabdeckung durch das Modell nach Höhl 67
Abbildung 23: Erweiterung des 3DWebVM nach Höhl 69
Abbildung 24: Eigenschaften von 3D-Anwendungen 72
Abbildung 25: Prozesswegweiser des GP „Webbasierte 3D-Welten erzeugen" 75
Abbildung 26: EPK der Anforderungsanalyse Software & Medien 76
Abbildung 27: EPK der FIV-Spezifikation 77
Abbildung 28: EPK des Entwurfs 78
Abbildung 29: EPK der Implementierung 79

Abbildung 30: EPK der Preproduktion 80

Abbildung 31: EPK der Produktion 81

Abbildung 32: EPK der Postproduktion... 82

Abbildung 33: EPK der Erprobung und Auslieferung... 83

Abbildung 34: KnowCube der Hochschule Heilbronn 90

Abbildung 35: Die vier Seiten des KnowCube 92

Abbildung 36: Klassendiagramm für den Zugriff auf admin_create_user über RemoteAdmin 94

Abbildung 37: Komponentendiagramm zur Veranschaulichung der Serverschnittstelle ... 95

Abbildung 38: Komponente openSimConnector des Application-Servers........................ 96

Abbildung 39: Klasse useRemoteAdmin in UML-Notation 97

Abbildung 40: Grundstruktur der Klasse useRemoteAdmin als PHP-Code 97

Abbildung 41: Parameter von useRemoteAdmin initialisieren............................. 98

Abbildung 42: XML-Daten generieren 99

Abbildung 43: Verbindung zum Socket des 3D-Servers herstellen..................... 100

Abbildung 44: XML-Daten senden und den Response parsen 101

Abbildung 45: Anwendung der Klasse useRemoteAdmin 102

Abbildung 46: KnowCube Grundgebilde 105

Abbildung 47: Testtexturen des KnowCubes.. 106

Abbildung 48: Der texturierte KnowCube-Prototyp 106

Abbildung 49: Der Cube ist nach dem Import nur zwei Meter hoch 108

Abbildung 50: Der texturierte Prototyp 109

Abbildung 51: Innenwände des KnowCubes 110

Abbildung 52: Die vier Außentexturen des KnowCubes.................................... 111

Abbildung 53: Der KnowCube nach der Texturierung in SketchUp.................. 112

Abbildung 54: Stuhl und Beamer importiert... 113

Abbildung 55: Fertiger KnowCube (Frontansicht) 115

Abbildung 56: Fertiger KnowCube (Rückseite) 115

Abbildung 57: Fertiger KnowCube (Eingangsbereich) 116

Abbildung 58: Innenraum des fertigen KnowCubes... 116

Abbildung 59: Broadcasting: Hallo 3D-Welt! 118

Abbildung 60: "Hallo 3D-Welt!" wird im 3D-Client ausgegeben. 118

Abbildung 61: Zuweisung des Koordinatenursprungs im RexMeshTool 120

Abbildung 62: Avatar nimmt auf dem Stuhl Platz.. 121

Abbildung 63: Ausführliche Darstellung des 3DWebVM xxxii
Abbildung 64: Praktisch angepasstes Phasenmodell... xxxiii

Tabellenverzeichnis

Tabelle 1: Vergleich Betriebssysteme 36
Tabelle 2: Vergleich CPUs 37
Tabelle 3: Vergleich RAM-Größen 37
Tabelle 4: Vergleich Grafikanforderungen 38
Tabelle 5: Vergleich 3D-Grafikformate 39
Tabelle 6: Vergleich 3D-Grafikprogramme 40
Tabelle 7: Vergleich Skriptsprachen 41
Tabelle 8: Exportierbare Formate von 3D-Modellierungswerkzeugen 43
Tabelle 9: Rote Kugel in VRML 50
Tabelle 10: Rote Kugel in X3D 51
Tabelle 11: Chunk-Hierarchie 52
Tabelle 12: Würfel mit Materialien 53
Tabelle 13: Charakteristische Dimensionen der Vorgehensmodelle 84
Tabelle 14: Einordnung der Ausbaustufe des 3DWebVM 85
Tabelle 15: Einordnung der Submodelle des 3DWebVM 86
Tabelle 16: Einordnung der Phasenabdeckung des 3DWebVM 86
Tabelle 17: Einordnung der Gestaltungsdomäne des 3DWebVM 87
Tabelle 18: Einordnung der Branchenspezifität des 3DWebVM 87
Tabelle 19: Einordnung der Formalisierungsart des 3DWebVM 87
Tabelle 20: Einordnung des Formats des 3DWebVM 88
Tabelle 21: Zusammenfassung der Einordnung des 3DWebVM nach Höhn 88
Tabelle 22: Zusammenfassung der Anforderungen 93
Tabelle 23: Übersicht RemoteAdmin Commands xxxv

Zusammenfassung

Der Begriff „3D-Web" steht derzeit bei den Medien hoch im Kurs, denn es wird davon ausgegangen, dass als nächste technologische Revolution echte 3D-Inhalte in Browser-basierten Anwendungen zum Standard werden. Somit wird auch der Bedarf an 3D-Web-Anwendungen steigen.

Wie aber lassen sich diese systematisch erzeugen? Dazu wurde in dieser Studie ein Vorgehensmodell entwickelt: das 3DWebVM.

Es zeigt auf, wie man vorgeht, wenn eine 3D-Web-Anwendung entwickelt werden soll. Zunächst wurden dazu die klassischen Phasen des Web Engineering und der Multimedia-Produktion betrachtet und daraus ein kombiniertes Phasenmodell entwickelt. Anschließend wurden konkrete Vorgehensmodelle aus Web Engineering und Multimedia-Produktion dahingehend überprüft, inwieweit sie die Phasen des 3DWebVM abdecken und somit als Referenz in diesen Phasen eingesetzt werden können. Dabei hat sich das Vorgehensmodell „Workflow der 3D-Visualisierung" so gut integriert, dass es in zwei Phasen der Produktion übernommen wurde. Weiter wurden die Eigenschaften einer multimedialen 3D-Web-Anwendung definiert, damit sich Projektbeteiligte ein umfassendes Bild der Möglichkeiten solch einer Anwendung machen können.

Zusätzlich wurde das 3DWebVM zu Integrationszwecken in Unternehmen als Prozess modelliert. Um das bis dahin entwickelte theoretische Vorgehensmodell besser einordnen zu können, wurde es nach einem Kriterienkatalog für Vorgehensmodelle eingestuft und erwies sich als ein Referenzmodell.

Anschließend wurde das 3DWebVM an einem Umsetzungsbeispiel in der Praxis getestet. Dabei wurde der KnowCube der Hochschule Heilbronn in einer 3D-Welt auf dem 3D-Server OpenSim nachmodelliert und zusätzlich an einen Application-Server zur Administration angebunden. Die dabei gewonnenen praktischen Erfahrungen wurden abschließend in das 3DWebVM eingearbeitet.

Somit liefert dieses Buch zwei Varianten eines 3DWebVM: eine theoretische und eine praktisch ergänzte Variante. Beide haben ihre Vorteile: Das theoretische Modell berücksichtigt alle Aspekte der Entwicklung und kann daher als das allgemeine Modell betrachtet werden. Das praktische Modell ist deutlich reduzierter und auf das Wesentliche fokussiert. Auch konnten dessen Arbeitspakete optimiert werden. Das Phasenmodell beider Varianten ist jedoch gleich geblieben und hat sich somit in der Grundstruktur bewährt.

1. Einleitung

1.1. Motivation

Nachdem der Hype um das Thema Web 2.0 langsam am abklingen und praktischer Alltag geworden ist, tauchen selbstverständlich neue Trends in Forschung und Wissenschaft auf und übertragen sich auch auf die Wirtschaft. Neben dem Semantic Web steht der Begriff **3D-Web** derzeit bei den Medien hoch im Kurs. "Das Hinzufügen der dritten Dimension ist der nächste Umbruch im Internet"[1], so Ansgar Schmidt von der IBM. D. h. als nächste technologische Revolution sollen echte 3D-Inhalte in Browser-basierten Anwendungen zum Standard werden. Was als Hype beginnt, endet oft in einem plötzlichen Crash, so auch geschehen bei der 3D-Welt **Second Life** (kurz: SL). Zunächst stürzten sich Medien und Unternehmen auf SL, etwas später kam die große Ernüchterung und viele Unternehmen sprangen ab oder verschoben ihre 3D-Web-Projekte in die Forschungsabteilung. Was ein Hype jedoch deutlich macht, ist laut Gartners allgemeiner Hypekurve[2] ein langfristiger Trend (siehe Abbildung 1). Visionären und vielen Entscheidern ist schon lange klar: Web-3D ist weiter im Kommen und wird sich auch weiterhin konsolidieren. So hat z. B. das japanische Unternehmen **3Di** ein kostenpflichtiges Paket herausgebracht, welches einen **3Di OpenSim-Server** und ein Browserplugin für den **Internet Explorer** enthält. Man kann somit eine eigene 3D-Welt erstellen, 3D-Objekte im 3ds-Studio Max-Format importieren und diese über den Internet-Explorer im Internet betrachten.[3] Auch das aktuelle Projekt von **Google „O3D"** geht in eine ähnliche Richtung, indem versucht wird eine Open Source-Web-API zu entwickeln, welche es ermöglicht, multimediale 3D-Applikationen in den Browser zu integrieren.[4] Somit ist es quasi sicher, dass das 3D-Web in den nächsten Jahren die breite Masse erreichen und in verschiedenen Formen auch Einzug in den Bereich des E-Business halten wird.

---

[1] (Schmidt, 2007), WWW
[2] Vgl. (Gartner Inc., 2009), WWW
[3] Vgl. (3Di Inc., 2009), WWW
[4] Vgl. (Google Inc., 2009), WWW

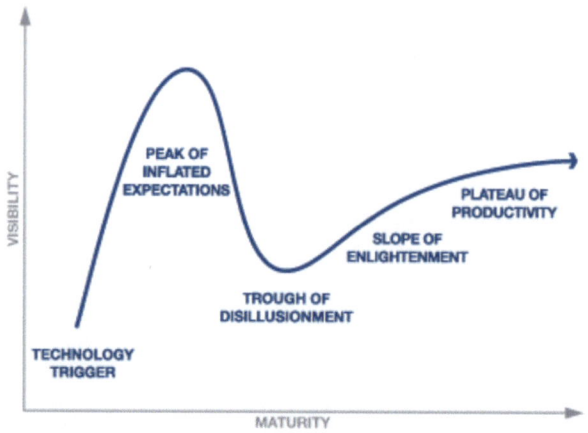

Abbildung 1: Gartner Hype Cycle
(Quelle: (Gartner Inc., 2009), WWW)

1.2. Herausforderung

Für die Entwicklung von Produkten in den Bereichen Software, Multimedia und 3D-Games existieren viele verschiedene Vorgehensmodelle. Will man jedoch in Zukunft als Unternehmen Software entwickeln (lassen), welche alle drei Eigenschaften Web, Multimedia und 3D abdeckt, existieren hierzu keinerlei integrierte Vorgehensmodelle.

1.3. Ziel der Studie

Diesbezüglich sollen also Vorgehensmodelle aus den Bereichen des Web Engineering, der Multimedia-Produktion und der 3D-Entwicklung analysiert und mögliche Gemeinsamkeiten und Unterschiede aufgezeigt werden. Daraus soll ein neues 3D-Web-Vorgehensmodell (kurz: 3DWebVM) entwickelt werden, welches letztendlich aufzeigt, wie man vorgeht, wenn eine 3D-Web-Anwendung entwickelt werden soll.
Es sollen auch die technologischen Aspekte betrachtet werden, um Unternehmen zu zeigen, wie sich das neue Vorgehensmodell schon heute auf einfache Weise umsetzen lässt. Zu guter Letzt soll das erarbeitete Modell an einer Beispielanwendung getestet und abschließend bewertet werden.

1.4. Aufbau der Studie

Kapitel zwei widmet sich zunächst dem aktuellen **Stand des Wissens**.
Flankiert durch einleitende Definitionen werden dabei in der ersten Hälfte Vorgehensmodelle des klassischen Software Engineering, des Web Engineering und Modelle zur Erstellung multimedialer sowie Architektur-orientierter Anwendungen

betrachtet. Die zweite Hälfte soll beleuchten, welche Technologien momentan für die Entwicklung der 3D-Web-Anwendungen existieren und zwar hinsichtlich dreier Kernfragen:

- Welche 3D-Plattformen sind aktuell vorhanden?
- Welche Technologien zur Modellierung von 3D-Welten existieren?
- Wie lassen sich diese 3D-Welten in die Plattformen integrieren?

Kapitel drei umfasst die eigentliche **Ausarbeitung** und stellt somit den neuen Ansatz dar. Dabei werden die in Kapitel zwei beschriebenen Vorgehensmodelle zu einem konsistenten Gesamtmodell für die Entwicklung von 3D-Web-Anwendungen kombiniert und liefern folglich die Antwort auf die Frage nach der Vorgehensweise bei der Entwicklung von 3D-Web-Anwendungen.

Im **vierten Kapitel** folgt die **Überprüfung** der Tauglichkeit des neuen 3D-Web-Vorgehensmodells an einem praktischen Beispiel.

Das **fünfte Kapitel** stellt das **Fazit** dar. Hier wird das aus dem Praxisbeispiel gewonnene Wissen und die Erfahrung kritisch reflektiert und ein Blick in die Zukunft gewagt.

2. Stand des Wissens

Der Stand des Wissens ist in zweierlei Hinsicht zu beleuchten: Bezüglich den **Vorgehensmodellen** und der **Technik**. In Bezug auf Vorgehensmodelle, weil betrachtet werden soll, ob bereits bestehende Vorgehensmodelle verschiedener Anwendungsbereiche für die Entwicklung des neuen Vorgehensmodells herangezogen werden können, und bezüglich technischer Aspekte, um bei der späteren Anwendung auf mögliche technologische Lösungen zurückgreifen zu können, aber auch um dem Leser aufzuzeigen wie der Status Quo der Technik im Bereich 3D-Web aussieht. Da im Laufe des Textes immer wieder Begriffe auftauchen, die nicht jedem bekannt sein dürften, folgen zu Beginn einige **Definitionen**.

2.1. Definitionen

2.1.1. Augmented Reality (AR)

Diese „**angereicherte Realität**" ist eine moderne Variante der Mensch-Maschine-Interaktion. Damit bezeichnet man die **Echtzeit-Überlagerung** menschlicher Sinneswahrnehmungen mit Computermodellen. Ein AR-System kann visuelle, akustische und haptische Informationen in Echtzeit überlagern und wiedergeben. Es stellt eine Kombination von realer und virtueller Welt dar, ist interaktiv und echtzeitfähig sowie dreidimensional. Im Gegensatz zur virtuellen Realität, die nur die Realität nachbildet, integriert und überlagert die Augmented Reality virtuelle und reale Welt.[5]

2.1.2. 3D-Objekt

Ein 3D-Objekt stellt alle visuellen Eigenschaften eines abstrakten Objektes dar. Dazu gehören die **Geometriedaten** wie Punkte und Polygone sowie die **Materialdaten**. Materialdaten sind **Bildinformationen** in Form von Texturen, die wiederum eine gespeicherte Information über die Beschaffenheit sind. **Texturen** können z. B. rauh, glänzend, farbig oder transparent sein.[6]

---

[5] Vgl. (Höhl, 2009), S. 10
[6] Vgl. (Rusdorf, 2008), WWW, S. 2

2.1.3. 3D-Szene

Eine 3D-Szene ist die Beschreibung für einen Raum, in dem sich mehrere Objekte befinden. Charakterisierend für eine 3D-Szene sind Informationen zu **Positionierung, Lichtquellen, Kameraeinstellungen** oder über die **Beschaffenheit** von 3D-Objekten.[7]

2.1.4. 3D-Web und Web-3D

Diese Begriffe sind sehr neu und werden zurzeit heiß diskutiert. Grundsätzlich lässt sich aber sagen, dass **3D-Web** 3D-Content für Webbrowser bezeichnet,[8] wohingegen **Web-3D** ein Netzwerk beschreiben kann, bei dem 3D-Virtuelle-Welten über Hyperlinks miteinander verbunden sind.[9]

2.1.5. Virtuelle Welt

Eine virtuelle Welt ist ein Teilaspekt des immersiven Internets und beschreibt grundsätzlich die Nachbildung der realen Welt durch eine computergestützte Simulation.[10]

2.1.6. Echtzeitvisualisierung

„Echtzeitvisualisierung bedeutet, dass der Zeitpunkt der Darstellung eines 3D-Objektes mit dem Zeitpunkt einer geometrischen Veränderung (oder der Veränderung des Betrachterstandortes) zusammenfällt. […] Echtzeitsysteme erlauben dem Betrachter direkt in das Geschehen einzugreifen. Alle Objekte sind in Echtzeit vom Betrachter individuell veränderbar." [11]

2.1.7. Immersives Internet

ThinkBalm[12] definiert das immersive Internet so: "a collection of emerging technologies combined with a social culture that has roots in gaming and virtual worlds." Dabei stehen neben der traditionellen Technologie der virtuellen Welten weitere Technologien wie virtuelle Hochschulen, 3D-Intranets, immersives Lernen, sog. Serious Gaming und 3D-Businessanwendungen. Allen Technologien gemeinsam ist, dass sie den Nutzer stark fesseln. Eine Kombination der Technologien sowie eine aufstrebende Kultur mit den

---

[7] Vgl. (Rusdorf, 2008), WWW, S. 3
[8] Vgl. (Khronos, 2009), WWW
[9] Vgl. (Pirkola, et al., 2009), WWW
[10] Vgl. (Höhl, 2009), S. 10
[11] (Höhl, 2009), S. 8
[12] (ThinkBalm, 2008), WWW

Wurzeln im Gaming-Bereich eröffnen neue Perspektiven bezüglich Kollaboration, Engagement und Kontext. Serious Gaming meint dabei den Einsatz klassischer Game Engines wie z. B. die Quake Engine für ernsthafte Szenarien.[13]

2.2. Vorgehensmodelle

2.2.1. Übersicht

Laut Höhn[14] bietet der Markt eine Vielzahl von Vorgehensmodellen, Frameworks und Methodensammlungen. Beginnt ein neues Projekt, so stellt sich daher oft die Frage, ob das eingesetzte Vorgehensmodell auch für die neuen Fragestellungen geeignet ist. Doch was ist überhaupt ein Vorgehensmodell (kurz: VM)? Zunächst einmal soll ein VM helfen eine komplexe Handlungsfolge zur Herstellung eines komplexen Gegenstandes, z. B. einer Software oder eines Systems, zu ordnen und somit den Überblick über die Abfolge zu bewahren.[15] Der Arbeitskreis für Vorgehensmodelle der Gesellschaft für Informatik hat eine Vielzahl von VM untersucht und festgestellt, dass ein VM sechs verschiedene **Dimensionen** aufweist, nach denen es eingeordnet werden kann:[16]

- Ausbaustufe
- Phasenabdeckung
- Submodelle
- Gestaltungsdomäne
- Branchenspezifität
- Formalisierung

Als nächstes stellt sich die Frage, welche VM für die Betrachtung dieser Studie interessant sind. Der Begriff „3D-Web" liefert dafür die besten Hinweise: **Web Engineering**-VM werden sicher eine Rolle spielen, genauso wie VM aus dem Bereich **Multimedia**, welcher durch **Rich Internet Applications** (kurz: RIA) immer mehr Einzug ins Web hält. 3D-Anwendungen haben erfahrungsgemäß ihren Schwerpunkt in den Bereichen **Gaming** und **Architektur**, weshalb auch hieraus VM in Frage kommen.

2.2.2. Software Engineering und Web Engineering

In diesem Kapitel wird zunächst geklärt, was Software Engineering mit Web Engineering verbindet und daraus eine Definition für beide Disziplinen getroffen.

---

[13] Vgl. (Höhl, 2009), S. 9
[14] Vgl. (Höhn, 2007), S. 3 f.
[15] (Ebenda), S. 3
[16] (Ebenda), S. 7

Anschließend werden die Phasen der Vorgehensmodelle kurz erläutert, was später bei der Entwicklung eines Web-3D-Modells helfen soll. Da die besonderen Anforderungen an Web Engineering aus den Charakteristiken von Web-Anwendungen abgeleitet werden,[17] folgen anschließend die Charakteristika der Web-Anwendungen. Zum Schluß werden drei ausgewählte Vorgehensmodelle aus dem Web-Engineering vorgestellt:

- **UML-basierte Methode**
- **Methode der agilen Websystem-Entwicklung**
- **Methode der modellgetriebenen Webentwicklung (kurz: MDWE)**

2.2.2.1. Geschichtliche Entwicklung und Definition

Zu Beginn der kommerziellen Nutzung des Webs wurden die klassische Entwicklung von Anwendungen und die Entwicklung von Web-Anwendungen oft miteinander verglichen. Dabei wurden zum Teil große Unterschiede festgestellt, z. B. im Zeithorizont von der Initialisierung einer Softwareentwicklung bis zum ersten Einsatz der Software.[18]

Doch E-Business-Anwendungen gewannen mit der Zeit stark an Bedeutung. Wurden sie Anfangs nur zur **Präsentation** des Unternehmens im Web genutzt, durchliefen sie eine Entwicklung bis hin zur Integration von operationalen Systemen und der Abwicklung von Geschäftsprozessen sowie der **Integration** in die bestehenden unternehmensinternen Anwendungen. Das ist der Grund dafür, warum die Realisierung von Web-Projekten in der heutigen Zeit mit den Spezifika des Software Engineering erfolgt. Auch Kappel et al.[19] sind der Meinung, dass moderne Web-Anwendungen vollwertige, komplexe Softwaresysteme darstellen.

Wenn Web Engineering heutzutage Methoden des Software Engineering nutzt, bleibt zu klären, was Software Engineering ist. Dazu existieren verschiedene Definitionen,[20] z. B. die des IEEE, von Barry Boehm etc. Die aktuellste Definition ist von Ian Sommerville. Er versteht unter **Software Engineering** folgendes: „An engineering discipline which is concerned with all aspects of software production from the early stages of system specification through to maintaining the system after it has gone into use."[21] Versucht man alle Definitionen auf einen Nenner zu bringen, so stellt man fest, dass Software Engineering es ermöglicht komplexe Software zu entwickeln, indem passende Werkzeuge und Methoden eingesetzt werden. Es hilft somit Zeit und Geld zu sparen sowie die Qualität

---

[17] Vgl. (Kappel, et al., 2004), S. 1
[18] Vgl. (Gröschel, 2004), S. 55
[19] Vgl. (Kappel, et al., 2004), S. 1
[20] Vgl. (Agarwal, et al., 2007), S. 6 f.
[21] (Sommerville, et al., 2001), S. 4

der Software und die Produktivität des Personals zu steigern. Diese Definition passt folglich zu Kappels Definition für Web Engineering, die besagt, dass **Web Engineering** die Anwendung systematischer und quantifizierbarer Ansätze ist, um Anforderungsbeschreibung, Entwurf, Implementierung, Test, Betrieb und Wartung qualitativ hochwertiger Web-Anwendungen kosteneffektiv durchführen zu können.[22] Die Weiterentwicklung von Software Engineering zum Web Engineering sieht Gröschel[23] durch Berücksichtigung folgender Aspekte gegeben:

- **Verteiltheit:** Für das Funktionieren des Gesamtsystems wird auf Funktionen und Daten zugegriffen, die über verschiedene Rechner verteilt sind, wodurch sich ein höheres Risiko einer eingeschränkten Funktionsfähigkeit ergibt.
- **Performance:** Durch die Verteilung des Gesamtsystems ist eine besondere Betrachtung der Performance inklusive der zugrunde liegenden Netzwerke notwendig.
- **Grafikdesign:** Dem grafischen Design muss eine stärkere Bedeutung zugewiesen werden, da viele Nutzer existieren, die das System nur sehr selten nutzen.
- **Client-Heterogenität:** Die potentielle Heterogenität der Clientsysteme (z. B. Mobilgeräte oder verschiedene Browser) muß berücksichtigt werden.

2.2.2.2. Phasen

Warum macht es Sinn einzelne Phasen des Web Engineering zu betrachten? Laut Dumke[24] deswegen, weil es auf dem Gebiet der Vorgehensmodelle bei der Entwicklung von Websystemen so ist, dass man noch nicht von einem allseits anerkannten Standard sprechen kann. Deshalb sollte die **phasenbezogene Web-Anwendungsentwicklung** zunächst einmal **methodenneutral** betrachtet werden. Auch für Gröschel existieren für das klassische Software Engineering in Theorie und Praxis zahlreiche Vorgehensmodelle, die zum Teil auch unternehmensspezifisch angepasst werden. Den meisten der Vorgehensmodelle ist jedoch die Einteilung in verschiedene Phasen gemein. Klassisch werden die Phasen **Initialisierung, Analyse, Design, Implementierung, Test und Wartung** unterschieden.[25] Daher folgt nun eine Betrachtung der Phasen des Web Engineering, wie sie Dumke[26] und Gröschel[27] beschreiben.

---

[22] Vgl. (Kappel, et al., 2004), S. 2 ff.
[23] Vgl. (Gröschel, 2004), S. 38 ff.
[24] Vgl. (Dumke, et al., 2006), S. 323
[25] Vgl. (Gröschel, 2004), S. 55
[26] Vgl. (Dumke, et al., 2006), S. 5 f.
[27] Vgl. (Gröschel, 2007), WWW

Problemdefinition

Bei der Problemdefinition geht es um die **Beschreibung** der Anforderungen an ein zu erstellendes Softwaresystem. Wichtig dabei ist, dass die Anforderungen **überprüfbar** sind. Dabei lassen sich funktionale, qualitative, system- und prozessbezogene Anforderungen unterscheiden.

Anforderungsanalyse

Weil die in der ersten Phase definierten Anforderungen meistens unvollständig sind und deshalb viele Softwareprojekte vorzeitig scheitern,[28] müssen diese untersucht werden. Die Analyse betrifft die Eigenschaften von Anforderungen wie Eindeutigkeit, Vollständigkeit, Verifizierbarkeit, Konsistenz, Modifizierbarkeit und Handhabbarkeit. Die Anforderungsanalyse ist somit die Phase der **Kontrolle** von Anforderungen an ein zu entwickelndes Softwaresystem hinsichtlich Korrektheit, Vollständigkeit, Sachgerechtigkeit, Konsistenz und Machbarkeit und deren zweckmäßige Speicherung für die ständige Nutzung, Aktualisierung und Überprüfung im Verlauf der Entwicklung der Software. Die Anforderungsanalyse gestaltet sich schwierig, weil die Eigenschaften der Anforderungen sehr unterschiedlich sein können. Methoden der Anforderungsanalyse sind z. B. die fachspezifische Begriffskontrolle, die Konsistenzkontrolle, die Analogiemethode oder die Interview-Technik. Aber auch die einfache Beobachtung und das Brainstorming gehören zu diesen Methoden. Eine Priorisierung der Anforderungen bezüglich des Zeitmanagements ist sinnvoll und kann z. B. nach der Formel von Eisenhower[29]

„Priorität = Dringlichkeit * Wichtigkeit"

durchgeführt werden. Es ist auch zu beachten, dass Anforderungen nicht nur zu Projektbeginn stehen, sondern im Sinne eines konsequenten **Anforderungsmanagements** den gesamten Prozess der Softwareentwicklung durchlaufen, da sie sich oft ändern und angepasst werden müssen.[30]

Spezifikation

Die Spezifikation ist die Formulierung aller funktionalen Anforderungen in einem **Modell**, welches die computerbezogenen und organisatorischen Systemkomponenten beschreibt. Die Beschreibung der künftigen Funktionalität der zu entwickelnden Software stellt somit auch die spätere softwareseitige Realisierung sicher. Um ein Modell zu erstellen bedarf es einer **Modellierung**. Beim Web Engineering ist das die strukturelle, operationelle und

---

[28] Vgl. (The Standish Group, 2009), WWW
[29] Vgl. (inside-online.de, 2009), WWW
[30] Vgl. (Anforderungen dürfen nicht nur am Projektbeginn stehen, 2006)

informelle Umsetzung von Anforderungen in einer dem zu entwickelnden System **angemessenen** und für den Entwickler und Auftraggeber **interpretierbaren** Form, eben dem Modell. Hierzu können verschiedene Techniken der Modellierung herangezogen werden: **Strukturelle** Modellierungstechniken, die mit Vereinfachung, Abstraktion oder komprimierten Abbildungen arbeiten, wie z. B. das OOM mit der UML, **operationelle** Modellierungstechniken wie die Animation, Simulation oder das Prototyping, aber auch **informelle** Techniken wie Recherchen oder Interviews. Die dazugehörigen **Modellarten** stehen immer im Kontext ihrer Funktionalität wie z. B. das Funktionsmodell, das Datenmodell, das Zustandsmodell etc. Beispielsweise ist das am weitesten verbreitete Datenmodell das **Entity Relationship Model**. Bei der Spezifikation werden auch Aspekte der **Komplexität** berücksichtigt. Ziel ist dabei die Untersuchung der Machbarkeit und somit ihre Absicherung. Die Spezifikation wird auch dazu benötigt, um auf Grundlage des Lastenheftes ein **Pflichtenheft** für den Auftraggeber erstellen zu können und somit eine Verhandlungsbasis für Verträge zu schaffen.

Entwurf/ Design

In der Entwurfsphase geht es um die Umsetzung der systembezogenen, also **hard-** und **softwarebezogenen Anforderungen**. Dies sind zum einen Systemvorgaben, die sich auf die Problemstellung beziehen, zum anderen die Voraussetzungen des Systems. Das Hauptergebnis des Entwurfs ist die **Architektur**. Sie stellt beim Web Engineering die soft- und hardwarebezogene Struktur eines zu entwickelnden Systems dar. Dies umfasst die **Komponenten** der Struktur, externe **Schnittstellen**, sowie die **Beziehungen** zwischen den einzelnen Komponenten. Darstellungsarten für Architekturen sind z. B. in der UML Komponenten- oder Verteilungsdiagramme.[31] Existieren in der Architektur kritische Elemente, so wird deren Funktionieren in einer Testimplementierung nachgewiesen, weil die Architektur schließlich darstellen soll, dass die systembezogenen Anforderungen erfüllt sind („**Proof of concept**").

Darstellungsmittel für Details der Komponenten sind z. B. Flussdiagramme, Struktogramme oder einfach ein Pseudocode.

Das Ergebnis dieser Phase ist schließlich der **Systementwurf**. Er beinhaltet alle problemspezifischen funktionalen Komponenten, die operationale Struktur des Systems, eine Datenkomponente die die Datenhaltung regelt, sowie die Benutzerschnittstelle. Weitere Ergebnisse des Entwurfs sind meist Testkonzepte, Dokumentationen, sowie erweiterte Konzepte bezüglich Abnahme, Einführung und Betrieb der Web-Anwendung.

---

[31] Vgl. (Jeckle, et al., 2004), S. 139 ff.

Implementierung

Die Implementierung stellt die Umsetzung der Entwurfsergebnisse in ein programmiertes und auf spezieller Hardware abarbeitbares System dar. Einfach gesagt erfolgt hier die Kodierung des Entwurfes in einer konkreten Programmiersprache mit anschließendem Test. Dabei werden die Phasen Kodierung, Test, Integration und Installation durchlaufen. Das **Kodieren** kann auf einfache Weise durch **Editieren** erfolgen. Moderne Modellierungsmethoden bieten auch die Möglichkeit den Code aus einem Modell heraus **generieren** zu lassen. Sie werden auch unter dem Begriff des **Model Driven Engineering** (kurz: MDE) oder **Model Driven Software Engineering** (kurz: MDSE) diskutiert[32], womit sich auch das **Kapitel 2.2.2.6 „Methode der modellgetriebenen Webentwicklung (MDWE)"** befasst. Weiter besteht die Möglichkeit, einen bereits vorhandenen Quellcode **anzupassen** oder ihn einfach zu **übernehmen**. Entscheidend dafür, welche Art der Kodierung eingesetzt wird ist das beabsichtigte Qualitätsniveau und der Testaufwand dessen die Anwendung bedarf.

Erprobung und Auslieferung

Nach der Implementierung erfolgt die **Erprobung** der Web-Anwendung, bei der der Nachweis der **Validität** erbracht wird, welcher auf Grundlage von zuvor definierten Akzeptanzkriterien fußt. Das Softwareprodukt wird dabei kontrolliert eingesetzt und es werden erste Anwendungserfahrungen gemacht. War die Erprobung erfolgreich, kann die Software ausgeliefert werden. Die **Auslieferung** bildet den Abschluß der Entwicklung. Es erfolgt eine Übergabe an den Auftraggeber.

2.2.2.3. Charakteristika von Web-Anwendungen

Web-Anwendungen weisen im Vergleich zu nicht Web-basierten traditionellen Anwendungen interessante Charakteristika auf. Bei den **produktbezogenen Charakteristika** handelt es sich um den Inhalt (Content), die Navigationsstruktur (Hypertext) sowie um die Benutzerschnittstelle (Browser). „Content is king!", lautet die Devise bei Web-Anwendungen, wobei der **Inhalt** sehr unterschiedlich strukturiert ist. Auch die Qualitätsansprüche der User an den Inhalt schwanken gewaltig. Die Grundlage jeder Web-Anwendung sind **Hypertext-Dokumente**. Zum Hypertext-Paradigma, welche die Grundlage zur Aufbereitung von Informationen darstellt, existieren viele verschiedene Modelle, wobei das Web ein sehr einfaches Modell benutzt. Grundbestandteile solcher Modelle sind aber immer Knoten, Links und Anker. Dabei sind **Knoten** eindeutige

---

[32] Vgl. (Ablonskis, 2007), S. 6 f.

identifizierbare Informationseinheiten, die über eine URL adressierbar sind. **Links** realisieren die Verweise zwischen den Knoten. **Anker** bilden Quell- und Zielbereiche von Links ab, wie z. B. ein Absatz oder ein Kapitel in einem Text. Besonderheiten der **Präsentation** in einem Browser beziehen sich hauptsächlich auf Aspekte der **Ästhetik** im Sinne eines „look and feel", sowie der Selbsterklärbarkeit, d. h. die Web-Anwendung muss ohne eine explizite Dokumentation auskommen. Weitere Aspekte der Präsentation sind die **Benutzerlogik**, d. h. das Interaktionsverhalten muss einheitlich ausgelegt sein, und die **Usability**, die es dem User erlaubt rasch Routine bei der Bedienung aufbauen zu können. **Nutzerbezogene Charakteristika** zeigen die starke Heterogenität von Web-Anwendungen auf, da sich die User durch Anzahl, Kultur und Endgeräte in Hard- und Software unterscheiden, aber auch der Ort und die Zeit der Nutzung nicht exakt vorhersehbar sind. Diese **Kontextfaktoren** sind schwer zu erfassen, weshalb der Einfluss auf sie nur begrenzt möglich ist.

Charakteristika bezüglich der Entwicklung von Web-Anwendungen sind gekennzeichnet durch Ressourcen wie den Mitarbeiter, die technische Infrastruktur, den Entwicklungsprozess sowie der Notwendigkeit, bereits existierende Lösungen in den Prozess einfließen zu lassen.

Alle drei Charakteristika Produkt, User und Entwicklung sind zudem dem **Charakteristikum der Evolution** unterworfen, da sich Rahmenbedingungen und Anforderungen schnell ändern können, sowie ein Konkurrenzdruck besteht.[33]

Die folgende Abbildung 2 fasst die Charakteristika von Web-Anwendungen grafisch nochmals zusammen.

---

[33] Vgl. (Kappel, et al., 2004), S. 10 ff.

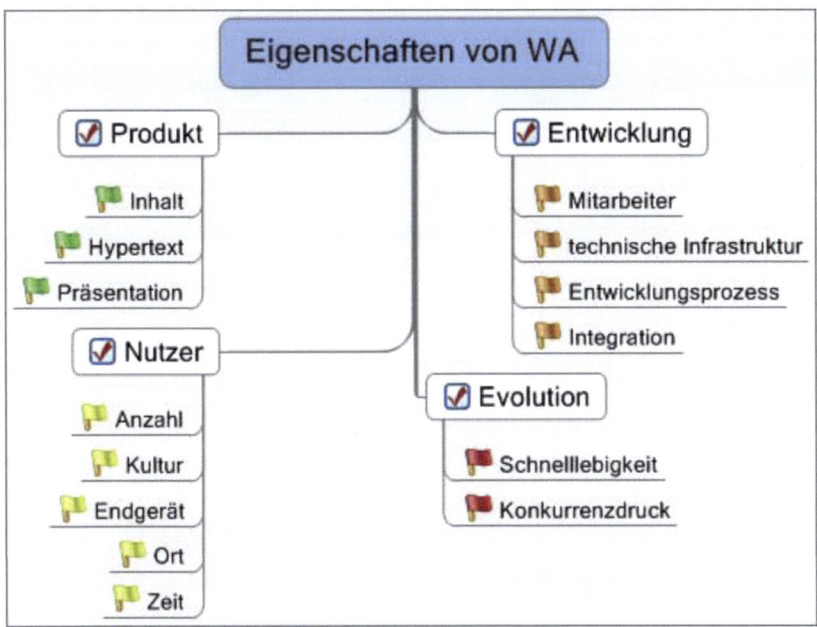

Abbildung 2: Eigenschaften von Web-Anwendungen
(Quelle: Eigene Darstellung in Anlehnung an (Kappel, et al., 2004), S. 10 ff.)

2.2.2.4. Die UML-Methode

Die Unified Modeling Language bildete sich im Wesentlichen aus der in der Praxis am meisten genutzten objektorientierten Methode, der Object Modeling Technique, aus den Darstellungsmitteln für moderne Telekommunikationssysteme und aus der bewährten objektorientierten Technologie nach Booch heraus[34]. Die Grundlage der UML-Methode sind die für die Modellierung einzusetzenden UML-Diagramme. Somit ergibt sich ein diagrammbezogener Entwicklungsverlauf in den folgenden Etappen:

1. **Objektorientierte Spezifikation**: Diese umfasst die Modellierung der Anwendungsstruktur des Websystems mit dem **Use-Case-Diagramm** sowie die Darstellung des Prozessverhaltens mit **Sequenz-, Aktivitäts- oder Zustandsdiagrammen**. Dabei werden auch die für die Verarbeitung notwendigen Objekte dargestellt. Wie die Objekte miteinander operieren, kann in einem **Kollaborationsdiagramm** dargestellt werden.
2. **Objektorientiertes Design**: Der Entwurf der Systemarchitektur wird zunächst anhand eines **Komponentendiagrammes** vorgenommen. Die zweckmäßige Zusammenfassung der Objekte erfolgt in einem **Klassendiagramm** auf der

---

[34] Vgl. (Dumke, et al., 2006), S. 337 ff.

Grundlage der anzuwendenden Klassenbibliothek einer speziellen objektorientierten Programmiersprache. Der Entwurf der Verteilung im Web wird mit Hilfe eines **Verteilungsdiagrammes** dargestellt.

3. **Objektorientierte Implementierung**: Die eigentliche **Kodierung** und der **Test** werden hierbei auf der Grundlage des Systementwurfs und der dabei zum Teil möglichen Codegenerierung in einer Programmierumgebung vorgenommen.

Es existieren darüber hinaus auch objektorientierte Methoden mit einem stärkeren Fokus auf das Web. Zu den etabliertesten zählen neben der Web Markup Language (kurz: **Web ML**) die Object-Oriented Hypermedia Method (kurz: **OO-H**), der Object-Oriented Web Solution Approach (kurz: **OOWS**) und das an der Münchener Universität entwickelte UML-based Web Engineering (kurz: **UWE**). UWE ist davon die neueste Entwicklung und stellt einen Ansatz zur modellgetriebenen Entwicklung von Web-Anwendungen dar. Es ist eine konservative Erweiterung von UML und besteht im Kern aus einer UML-Erweiterung, die eine intuitive Notation für die Modellierung von Web-Anwendungen bereitstellt. Daraus folgt eine konsequente Aufteilung in Teilmodelle, die separate Aspekte bei der Modellierung einer Web-Anwendung darstellen: Inhalt, Navigation, Prozesse und Präsentation. UWE deckt sowohl die Analyse- als auch die Entwurfsphase ab und definiert systematische Vorgehensweisen zum Aufbau und Ableitung der einzelnen Teilmodelle. „Konservative Erweiterung der UML" soll heißen, dass neben hinzugefügten Elementen die bestehenden Elemente der UML weiterhin mit gleichbleibender Semantik verwendet werden können.[35]

2.2.2.5. Methode der agilen Softwareentwicklung

Laut Cockburn hat das Wort Agilität bei der Entwicklung von Systemen im Geschäftsbereich nach Goldman (1997) folgende Bedeutung: „**Agilität** ist dynamisch und kontextspezifisch, bringt inhärent starken Wandel mit sich und ist wachstumsorientiert. Agilität beschreibt weder, wie die Effizienz verbessert noch Kosten gesenkt werden, geschweige denn, wie man sich abschottet, um Konkurrenzstürme zu überstehen. Agilität beschreibt den Erfolg und den Gewinn: den Erfolg bei aufkommender Konkurrenz und den Gewinn in Bezug auf Profit, Marktanteil und Kunden im Zentrum der Konkurrenzstürme, vor denen sich viele Unternehmen heute fürchten."[36] D. h. der Kern agiler Entwicklung ist die Verwendung von einfachen aber erfolgreichen Regeln zum Verhalten während des

---

[35] Vgl. (Kroiß, 2008), S. 21 f.
[36] Vgl. (Cockburn, 2003), S. 13

Projektes sowie der Gebrauch von Regeln, die den Menschen und die Kommunikation in den Mittelpunkt stellen. Wie aber sehen die Charakteristika der agilen Softwareentwicklung (kurz: ASE) im Detail aus? Zunächst einmal ist eine **frühe Implementierung** der Softwareanwendung beim Kunden das höchste aller Ziele der ASE. Des Weiteren sind **kurze Zeitintervalle** bei der Softwareerstellung wichtig. Die ASE misst ihren Arbeitsfortschritt vor allem durch den Teil der Software, der bereits anwendbar ist und somit **inkrementell** eine gewisse Menge der Systemanforderungen bereits realisiert. Auch sind **Anforderungsänderungen** bis in den späten Verlauf der Softwareentwicklung vorgesehen. Der Auftraggeber und der Entwickler arbeiten eng zusammen („**face-to-face**"-**Kommunikation**) und können bei Bedarf den Ergebnisstand täglich auswerten. Darüber hinaus besteht die Kunst der Entwicklung vor allem in der Fähigkeit, die einzelnen Systemkomponenten und deren Integration so **einfach** wie möglich zu halten. Was die Teamarbeit betrifft, so ist schließlich eine **Reflexion** in bestimmten Zeitabständen durch das Team vorgesehen. Diese soll die Effizienz steigern.[37] [38] Voraussetzung für ASE sind kleine Teams sowie die Gewährleistung der direkten Kommunikation untereinander was oft durch die Arbeit in einem gemeinsamen Raum erreicht wird. Der Entwicklungsprozess beginnt bei agilen Verfahren mit der allgemeinen **Problemstellung**. Die weiteren Systemaspekte werden dann jedoch durch kommunikative Tätigkeiten umgesetzt. Durch die ständige Anwesenheit des Auftraggebers können weitere geänderte Anforderungen sofort besprochen und umgesetzt werden. Die Entwickler teilen sich wechselseitig die **Implementierung** ausgewählter Anforderungen und den jeweiligen **Test**, so dass ein inkrementelles Systemwachstum erreicht wird. Voraussetzung dieser **dokumentenlosen Entwicklungsform** ist eine hohe Qualifikation der Entwickler selbst, die ausschließlich über eine Pinnwand den Projektfortschritt anzeigen.

Der Vorteil einer agilen Entwicklung von Webanwendungen ist der **hohe Nutzereinfluss** noch während der Entwicklung selbst. Ein Nachteil kann sich bei der Wartung der Anwendung aufzeigen, weil die Kenntnisse über das System stark **personengebunden** sind.[39]

Eine spezielle Methode der ASE ist **Extreme Programming** (kurz: XP). XP ist wohl das bekannteste und zugleich unkonventionellste aller agilen Verfahren. Die **Grundprinzipien** von XP sind klar definiert: Man arbeitet mit direktem Feedback. Die Einfachheit ist das Leitziel und die Entwicklung findet in inkrementellen Zyklen statt. Außerdem sind

---

[37] Vgl. (Fowler, et al., 2001), WWW
[38] Vgl. (Waters, 2007), WWW
[39] Vgl. (Dumke, et al., 2006), S. 343

Änderungen immer willkommen und die Arbeit muss ein hohes Maß an Qualität aufweisen. Aus diesen Grundprinzipien leiten sich 13 Praktiken ab, die vor allem den Projektzyklus, den Entwicklungszyklus sowie weitere unterstützende Praktiken beinhalten. Heute wird XP weltweit sehr erfolgreich angewendet, wozu der hohe Detaillierungsgrad der Praktiken beigetragen hat. Diese Praktiken zu befolgen bedeutet allerdings nicht unbedingt, dass man den Entwicklungsprozess agil umsetzt. Wichtiger als die Praktiken sind die fünf Grundprinzipien von XP. Sich nach ihnen zu richten macht den Kernpunkt agiler Entwicklung aus. Die Praktiken zeigen nur einen möglichen Weg dorthin.[40]

2.2.2.6. Methode der modellgetriebenen Webentwicklung (MDWE)

Wie in der Einführung zum Web Engineering erläutert wurde, hat die rasante Entwicklung des WWW und der dazugehörigen Technologien stattgefunden, was folglich zur Anhebung der Komplexität und Dynamik von Web-Anwendungen geführt hat. Um diesen Aspekten auch bei der Entwicklung gerecht zu werden, wurden Methoden des Software Engineering integriert und zu Web Engineering weiterentwickelt. Dies brachte den Einsatz von Modellen wie z. B. die der UML mit sich. Aus der Idee der konsequenten Verwendung von Modellen ist schließlich der Ansatz der modellgetriebenen Softwareentwicklung oder **Model Driven Software Engineering** (kurz: MDSE) entstanden. Der Hauptgedanke dabei ist, Modelle der Anwendung als Basis für den gesamten Entwicklungszyklus zu verwenden. Aus ihnen kann dann automatisch der Quellcode der Anwendung generiert werden. Der Vorteil: Modell und Code sind **synchronisiert**. Außerdem findet die Entwicklung der Software auf einer **höheren Abstraktionsebene** statt, was ihr schließlich die Unabhängigkeit von einer bestimmten Technologie beschert. Diese MDSE hat auch Einzug in die Domäne des Web Engineering gehalten und wird dort als **Model Driven Web Engineering** (kurz: MDWE) bezeichnet.[41] Die modellgetriebene Entwicklung von Web-Anwendungen ist z. B. mit UWE möglich. Hierzu haben die Münchener Forscher Kraus et al.[42] ein Vorgehensmodell entwickelt, welches auf eine ATL-realisierte Transformationskette aufsetzt und den kompletten Entwicklungsprozess vom Analysemodell bis hin zum generierten Quelltext möglich macht. Bei der ATL handelt es

---

[40] Vgl. (Benninger, 2003), WWW
[41] Vgl. (Kroiß, 2008) S. 9
[42] Vgl. (Kraus, et al., 2007), WWW

sich um die **ATLAS Transformation Language**, die eingesetzt wird um Modell-zu-Modell-Transformationen durchführen zu können.

2.2.3. Multimedia-Produktion (kurz: MP)

Dieses Kapitel definiert zu Beginn den Begriff Multimedia um ein gemeinsames Verständnis zu begründen, woraus sich nachfolgend die Eigenschaften für multimediale Anwendungen ableiten lassen. Auch bei den multimedialen Vorgehensmodellen sollen, wie auch beim Web Engineering, die grundlegenden Phasen der Entwicklung aufgezeigt werden, was bei der Entwicklung des neuen Modells helfen soll. Anschließend werden zwei konkrete Vorgehensmodelle vorgestellt: die Multimedia-Anwendungsentwicklung nach Sawhney sowie der Workflow in der 3D-Visualisierung nach Höhl.

2.2.3.1. Definition und Charakteristika von Multimedia

Betrachtet man den Begriff Multimedia ganz banal, so stellt man fest, dass es sich um den Einsatz einer Vielzahl einfacher Medien handeln muß. Der Begriff der Medien wird im Kontext dieser Studie nicht weiter diskutiert. Die Definition von Krömker und Klimsa[43] sollte hierzu ausreichen. Sie zählen zu den **Medienformen** Film, Fernsehen, Hörfunk, Musik, Print, Internet und die Mobilkommunikation. Was aber sind dann die besonderen Eigenschaften von Multimedia? In einfacher Form definiert der ausgewiesene Experte für Markenkommunikation Alan Ross[44] den Begriff Multimedia als den Überbegriff für das Zusammenfließen von **verschiedenen Inhaltsformen** und Werken wie Text, Grafik, Audio und Video in **digitaler Form** in einem **interaktiven Kontext**. Etwas detaillierter ist die Ausführung des Medienwissenschaftlers Weidenmann[45]. Er ist der Meinung, dass sich der Begriff Multimedia insbesondere durch **digitale Inhalte** auszeichnet. Außerdem spielt das Vorhandensein unterschiedlicher **Interaktionsmöglichkeiten** eine wichtige Rolle, z. B. eine aktive Navigation, die Manipulation von Inhalten oder die Steuerung von Wiedergabeparametern. Neben der Interaktivität existieren zwei weitere Eigenschaften, die Medien erfüllen müssen, damit man sie als multimedial bezeichnen kann: Zum einen müssen mehrere Kodierungsformen verwendet werden (**Multikodalität**). Texte verwenden z. B. eine symbolische Kodierungsform (**verbal**). Ein Bild benutzt hingegen eine abbildhafte bzw. imaginäre (realgetreu oder schematisch/ **typisierend**) Kodierungsform. Zum anderen müssen verschiedene Sinnesmodalitäten eingesetzt werden

---

[43] Vgl. (Krömker, et al., 2005), S. 6 ff.
[44] Vgl. (Ross, 2009), WWW
[45] Vgl. (Weidenmann, 2001), S. 415-466

(**Multimodalität**). Darunter versteht man die angesprochenen Sinne des Menschen. Die häufigsten Sinne sind der **auditive** und der **visuelle** Sinn. Ein Text auf dem Computermonitor ist somit monokodal (verbal) und monomodal (visuell). Wird dieser jedoch durch Originalsounds (auditiv und abbildhaft/ realgetreu) untermalt, sind die Eigenschaften Multimodalität (visuell und auditiv) und Multikodalität (abbildhaft/ realgetreu und symbolisch/ verbal) erfüllt. Issing und Klimsa[46] sehen die Thematik noch differenzierter. Für sie spielt neben dem **Medienaspekt** der Multimedialität durch Text, Grafik, Video und Ton und dem **Integrationsaspekt** durch Interaktivität, Multitasking und Parallelität auch der **Anwendungsaspekt** eine wichtige Rolle. Dabei werden einfach einzelne Anwendungskategorien für Multimedia-Anwendungen definiert, nämlich Datenbank-, Kommunikations-, Hypermedia- und Autorensysteme sowie Systeme der virtuellen Realität. Eine Übersicht hierzu liefert Abbildung 3. Diese erweiterte Definition von Issing und Klimsa soll bei dieser Studie als Grundlage für weitere Betrachtungen herangezogen werden, weil auch der Anwendungsaspekt hinsichtlich **Systemen der virtuellen Realität** im Fokus des neuen Vorgehensmodells stehen wird.

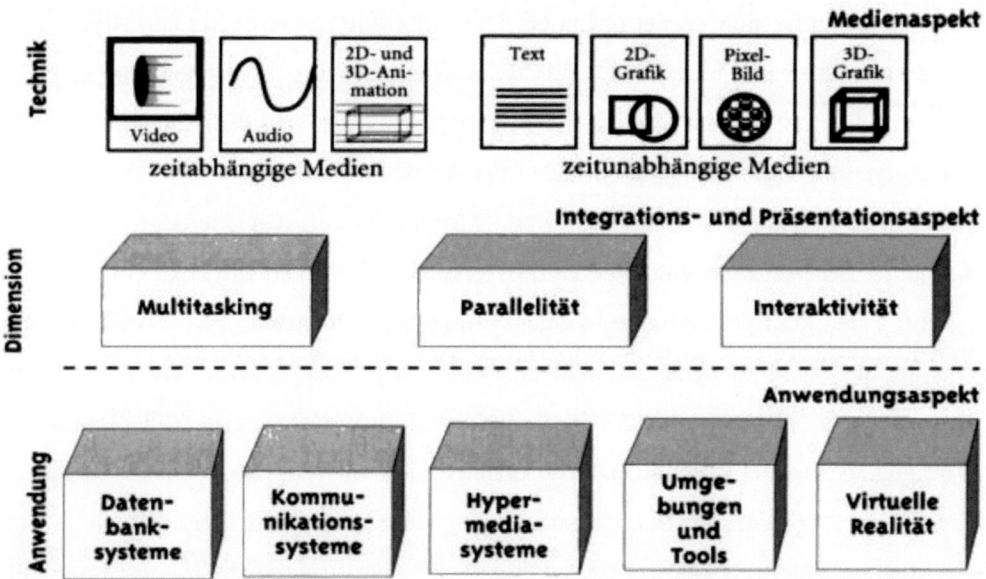

Abbildung 3: Multimedia als ein Konzept, das technische und anwendungsbezogene Dimensionen integriert
(Quelle: (Issing, et al., 2002) S. 6)

---

[46] Vgl. (Issing, et al., 2002), S. 5 f.

Aus allen zuvor betrachteten Definitionen für Multimedia lassen sich die Charakteristika für multimediale Anwendungen (kurz: MA) ableiten. Die nachfolgende Abbildung 4 fasst diese grafisch zusammen.

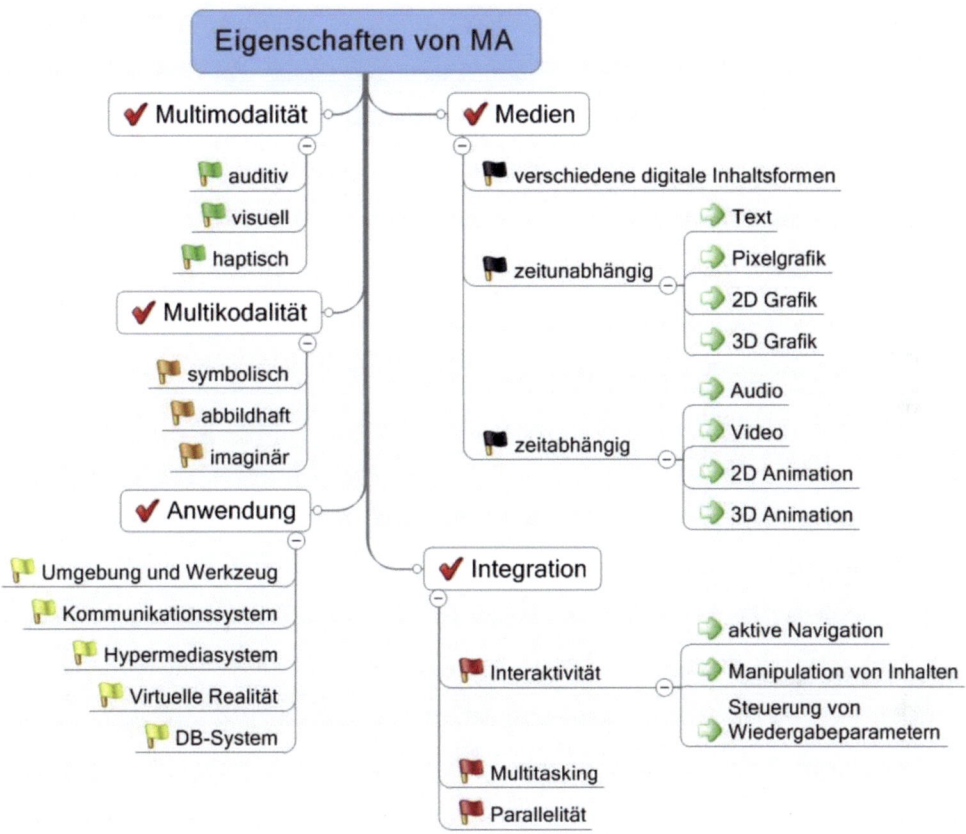

Abbildung 4: Eigenschaften von multimedialen Anwendungen
(Quelle: Eigene Darstellung)

2.2.3.2. Die zusammengefassten Phasen der Multimedia-Produktion

Im Bereich der Medien- und Multimedia-Produktion gibt es eine große Anzahl bekannter Vorgehensmodelle. Klassische Betrachtungsweisen wie z. B. die von (Krömker, et al., 2005) betrachten die wissenschaftlichen Disziplinen und Modelle, die der **Medienproduktion** zugrunde liegen und versuchen auf diese Weise das heterogene Feld der Medienproduktion zu beleuchten. Dies geschieht auch durch Aufteilung nach Branchen weil diese historisch gesehen mit den technischen Bedingungen entstanden sind. Andere Betrachtungsweisen haben wiederum das **Medienmanagement** im Fokus und bringen dieses mit betriebswirtschaftlichen Aspekten in Verbindung, so bei (Gläser, 2008) der die

Methodik, das Umfeld und die Unternehmensführung und Steuerung von Medienunternehmen thematisiert. Wieder andere gehen von der technischen Seite heran und zeigen auf, wie **neue Technologien** multimediale Anwendungen und die zugrunde liegenden Geschäftsmodelle und Geschäftsprozesse beeinflussen, so bei (Herzog, 2009). Leider fehlt allen genannten Betrachtungsweisen eine eindeutige Positionierung der **multimedialen Thematik**, was dem Umstand geschuldet ist, dass Multimedia technologisch gesehen sehr große Entwicklungssprünge in relativ kurzer Zeit gemacht hat und deshalb nur in der Anfangszeit der Multimedia-Anwendungsentwicklung allgemeine multimediale Prozesse veranschaulicht wurden. Diese haben aber trotzdem auch heute noch ihre Gültigkeit. Sie werden aktuell eben differenzierter und branchenfokussierter betrachtet.[47] Trotz allem sprechen die genannten Betrachtungsweisen grundsätzlich von denselben Phasen des Entwicklungsprozesses, welche auch Srinivasan[48] allgemein beschrieben hat. Nach seiner Beschreibung und in Kombination mit den vorgestellten Betrachtungsweisen folgt nun die Beschreibung der Phasen zur Produktion von Multimediasystemen:

1. **Die Vorphase:** An dieser Stelle findet das **Briefing** statt. Hier erhalten Agenturen Informationen zu den erforderlichen Sachverhalten um einen Auftrag durchführen zu können. Die Aufgabenstellung wird definiert sowie Ziele und Marktgegebenheiten erläutert. Wichtig ist dabei, dass das Briefing nicht schon die konkrete Lösung der Aufgabe vorwegnimmt, sondern einen gewissen **Spielraum** zur Ausgestaltung, ähnlich einem Lastenheft, lässt.
2. **Das Rohkonzept:** Es besteht aus mehreren **Etappen** wie Festlegung der Inhalte, Bestimmung der Visualisierungsformen, Definieren der Programmierungs- bzw. Implementationsdetails, Konzipieren der technischen Storyline, Koordination der benötigten Ressourcen, Beachtung der Copyrightrechte und schließlich das sogenannte **Sign-Off**, bei dem eine Art Abschlussdokumentation erfolgt.
3. **Die Preproduktion:** Hier erfolgt die Recherche, Planung und Erzeugung der benötigten Inhalte durch Managementsysteme. Dabei wird ein **Interface** festgelegt, ein Konzept der **Interaktivität** entwickelt, das **Storyboard** definiert und ein **Prototyp** implementiert, den man hinsichtlich der Marktanforderung nach und nach verfeinert.

---

[47] Vgl. (Krömker, et al., 2005), S. 20.
[48] (Srinivasan, et al., 2001), S. 77 ff.

4. **Die Produktion:** An dieser Stelle werden die Inhalte weiter angepasst. Es erfolgt die tatsächliche **Erzeugung** der Grafiken, der Stilbilder, der Musik, der Audio-Files, der Animationen und der Video-Files sowie die Auswahl und ggf. die Durchführung der erforderlichen Konvertierungen. Bei Filmen z. B. erfolgen **Dreharbeiten**, bei Musik die tatsächliche **Aufnahme** der Instrumentalisierung, für das Internet erfolgt eine **Erstellung** der Anwendung aus dem **Storyboard** heraus.
5. **Die Postproduktion:** Hier wird der erstellte multimediale Inhalt nochmals verfeinert, nachbearbeitet und getestet. Dabei dient die **Assamblage** als Test bzw. Debugging der finalen Zusammenstellung, das **Mastering** als Archivierung der entsprechenden Konfigurationen sowie die **Replikation** als abschließende System- oder Komponentenüberprüfung.
6. **Die Distribution:** Dabei wird der erstellte Inhalt den Zielgruppen zur Verfügung gestellt. Formen der Distribution bei multimedialen Anwendungen können eine digitale Bereitstellung, die tatsächliche Ausstrahlung, ein Vertriebssystem oder ein Providersystem sein.

2.2.3.3. Multimedia-Anwendungsentwicklung nach Sawhney

Bei diesem Modell handelt es sich um eine **Kombination** aus klassischem Software Engineering erweitert um Aspekte für die Entwicklung von Multimedia-Systemen. Für die Entwicklung des neuen Vorgehensmodells ist das Modell nach Sawhney gut geeignet, da es sich in Richtung **hypermediale Software-Systeme** orientiert. Ein Nachteil ist jedoch, dass der hohe Grad der Interaktivität von diesem Vorgehensmodell nicht berücksichtigt wird.[49] Es stehen die Gestaltungsaspekte des zu entwickelnden Multimedia-Systems und nicht die zu implementierenden Funktionalitäten im Vordergrund. Wie Abbildung 5 zeigt, ist dieses Modell stark prozessorientiert und dabei angelehnt an klassische Modelle des SE wie das Wasserfallmodell.

---

[49] Vgl. (Sawhney, 1995), S. 24 ff.

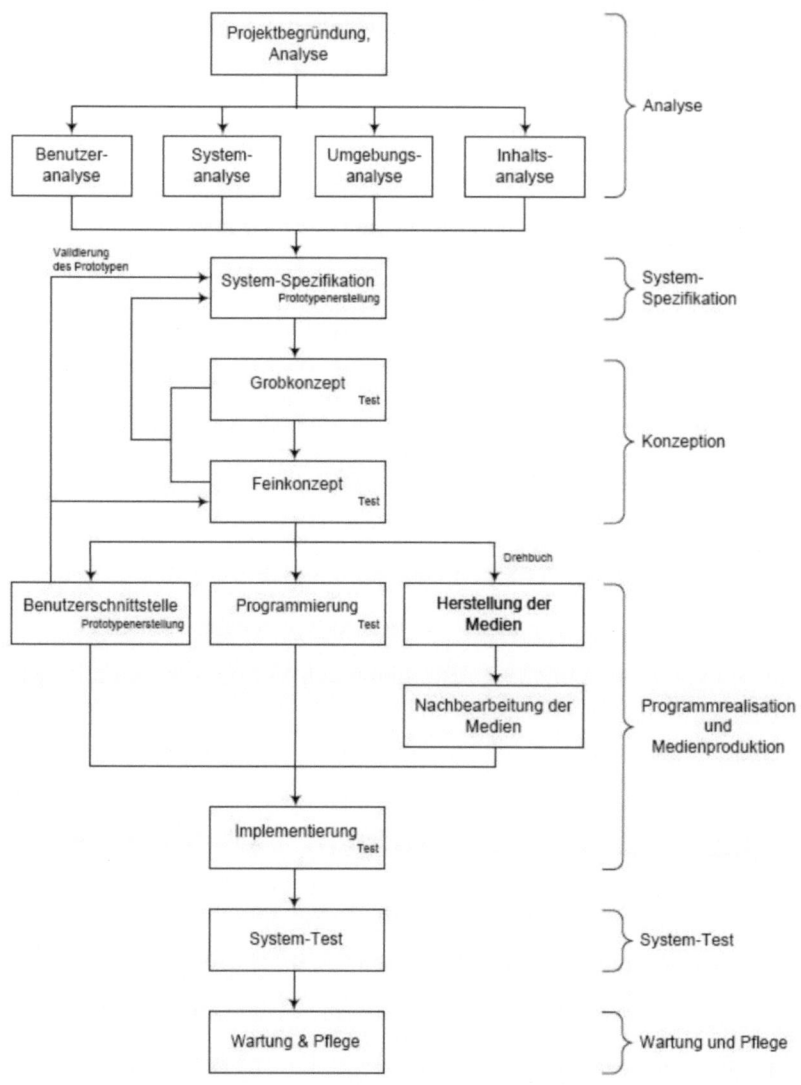

Abbildung 5: Modell der multimedialen Anwendungsentwicklung nach Sawhney (Quelle: (Scherp, 2001), S. 25)

Die Entwicklung des Multimedia-Systems geschieht parallel zum SE-Prozess und wird **Top-Down** durchgeführt, das heißt es werden Entscheidungen auf höherer Ebene getroffen und dann schrittweise verfeinert (siehe Abbildung 6). Nach der Analysephase vollzieht sich die Entwicklung des Multimedia-Systems bis zum Beginn der Programmrealisation in einem evolutionären Prozess. Kostenbedingt sind nach der Fertigstellung und Validierung des Drehbuchs oder **Storyboards** keine Phasenwiederholungen möglich. Daher findet im Vorgehensmodell ab der Programmrealisation und Medienproduktion eine strenge Phaseneinhaltung statt. Die Medienherstellung beginnt bereits in der Analysephase mit der Medienanalyse, wird in der Konzeptphase mit der Grob- und Feinplanung des Inhalts fortgesetzt und endet in der Medienproduktionsphase mit der Herstellung und Nachbearbeitung der Medien.[50]

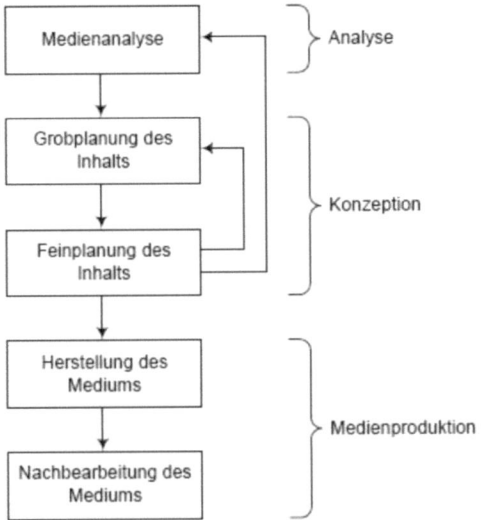

Abbildung 6: Ablauf der Medienherstellung nach Sawhney
(Quelle: (Scherp, 2001), S. 25)

2.2.3.4. Workflow in der 3D-Visualisierung nach Höhl

Wolfgang Höhl[51] befasst sich vorrangig mit der 3D-Visualisierung im Bereich der **Architektur** und des **Gaming**. Der nachfolgend beschriebene Workflow zur 3D-Visualisierung bezieht sich auf architektonische Visualisierungsformen. 3D-Modelle haben dabei zwei wesentliche Anwendungsbereiche: zum einen als 3D-Visualisierung, die als Schaubild in die Entwurfspläne integriert wird, zum anderen als Präsentationsmodell im Modellbau. Wie entsteht aber 3D-Visualisierung und in welche Präsentationstechniken können sie eingebunden werden? Üblicherweise werden in der Architektur fünf Präsentationstechniken verwendet: **3D-Modelle**, **Printmedien**, **Filme**, **DVD** und **Webdesign**. Abbildung 7 zeigt den üblichen Workflow in der Entwurfs- und Genehmigungsplanung. Dabei erweitert Höhl die Präsentationstechniken um zwei neue interaktive Darstellungsformen: **Game Design** und **Augmented Reality**. Jede der dargestellten Präsentationstechniken hat ein konkretes Endprodukt. Der Erstellungsprozess kann in acht **Arbeitsschritte bzw. Arbeitsphasen** gegliedert werden:

---
[50] Vgl. (Sawhney, 1995), S. 24
[51] Vgl. (Höhl, 2009), S. 32 f.

- Installieren und Kompilieren der Programme
- Desktop Publishing (Bildbearbeitung und Texturen erstellen)
- 3D-Modelling (3D-Modelle erstellen)
- Texturing (Oberflächengestaltung und Texturierung)
- Lightning (Beleuchtung, Lichter und Kameras setzen)
- Animation (Bewegungsabläufe definieren)
- Rendering (Renderverfahren auswählen und einstellen)
- Compositing (Layout, Level Design, Mischen, Schnitt und Mastering)

Jedes Endprodukt hat ein spezielles Dateiformat. Abhängig davon werden in jeder Phase des Arbeitsprozesses unterschiedliche andere Dateiformate zum Datenaustausch benötigt. Diese Dateiformate werden in der Abbildung 7 in den Spalten „Input/Output" dargestellt. Sinnvolle Schnittstellen gibt es immer nach den einzelnen Arbeitsphasen, d. h. man kann z. B. entweder in einem Programm modellieren, texturieren, animieren und rendern oder man modelliert in einem Tool und wechselt zum texturieren usw. in ein anderes Tool.

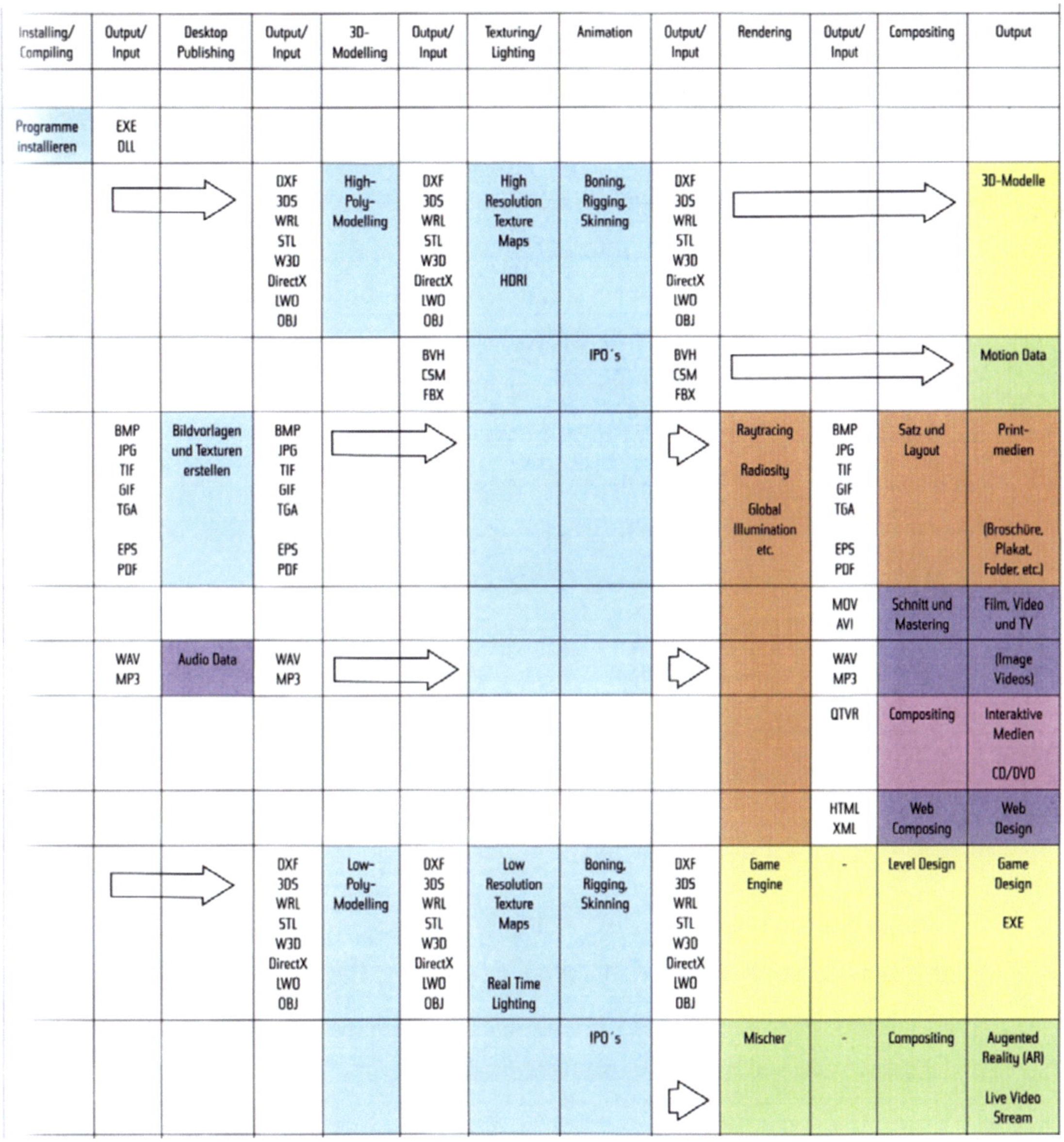

Installing/ Compiling	Output/ Input	Desktop Publishing	Output/ Input	3D-Modelling	Output/ Input	Texturing/ Lighting	Animation	Output/ Input	Rendering	Output/ Input	Compositing	Output
Programme installieren	EXE DLL											
				DXF 3DS WRL STL W3D DirectX LWO OBJ	High- Poly- Modelling	DXF 3DS WRL STL W3D DirectX LWO OBJ	High Resolution Texture Maps HDRI	Boning, Rigging, Skinning		DXF 3DS WRL STL W3D DirectX LWO OBJ		3D-Modelle
					BVH CSM FBX			IPO's		BVH CSM FBX		Motion Data
	BMP JPG TIF GIF TGA EPS PDF	Bildvorlagen und Texturen erstellen	BMP JPG TIF GIF TGA EPS PDF						Raytracing Radiosity Global Illumination etc.	BMP JPG TIF GIF TGA EPS PDF	Satz und Layout	Print- medien (Broschüre, Plakat, Folder, etc.)
										MOV AVI	Schnitt und Mastering	Film, Video und TV (Image Videos)
	WAV MP3	Audio Data	WAV MP3							WAV MP3		
										QTVR	Compositing	Interaktive Medien CD/DVD
										HTML XML	Web Composing	Web Design
				DXF 3DS WRL STL W3D DirectX LWO OBJ	Low- Poly- Modelling	DXF 3DS WRL STL W3D DirectX LWO OBJ	Low Resolution Texture Maps Real Time Lighting	Boning, Rigging, Skinning	Game Engine	DXF 3DS WRL STL W3D DirectX LWO OBJ	Level Design	Game Design EXE
								IPO's	Mischer	-	Compositing	Augented Reality (AR) Live Video Stream

Abbildung 7: Workflow der 3D-Visualisierung nach Höhl
(Quelle: (Höhl, 2009), S. 33)

2.3. Technik

2.3.1. Übersicht und Analyse von 3D-Plattformen

2.3.1.1. Grundlagen

Es gibt leider keine eindeutige Definition einer 3D-Welt oder einer 3D-Plattform. Ein Blick in die Geschichte zeigt jedoch, dass die Anfänge solcher Plattformen die sogenannten Massively Multiplayer Online Role-Playing Games (kurz: MMORPG) waren. Ihre drei Hauptmerkmale waren damals eine **3D-Grafik**, eine **persistente Welt** zu der die Spieler immer Zugang hatten sowie die **Interaktion** zwischen den einzelnen Spielern mit einem Spielziel.[52] Das Prinzip hat sich bis heute nicht sehr verändert. Nach Auffassung von Meinke[53] sind die vier grundlegenden technischen Komponenten eines MMORPG **Server-Core**, **Library**, **Objekte** und **Client**. Diese Studie definiert daher für sich den Begriff der **3D-Plattform** als die Infrastruktur einer modernen Form des MMORPG basierend auf den oben aufgeführten vier Komponenten. Wichtig ist auch zu erwähnen, dass moderne 3D-Plattformen wie Second Life oder dessen Open Source Variante OpenSim kein Spielziel aufweisen.

2.3.1.2. Übersicht über 3D-Plattformen

Nachfolgend sollen verschiedene 3D-Plattformen vorgestellt werden. Aus dem proprietären Bereich werden zwei Plattformen skizziert: Die größte ist Second Life und die neueste heisst Twinity. Aus dem Open Source Bereich werden der Server OpenSimulator und die Sun Plattform Project Wonderland vorgestellt.

2.3.1.2.1 Der Gigant: Second Life

Laut eigenen Angaben ist Second Life (kurz: SL) eine virtuelle Welt und somit eine **dauerhaft bestehende 3D-Umgebung**, die vollständig von ihren Bewohnern erschaffen und weiterentwickelt wird. In dieser riesigen Onlinewelt kann der Benutzer praktisch alles kreieren oder auch selbst werden, was sein Vorstellungsvermögen zulässt. SL beinhaltet integrierte Tools um Inhalte erstellen zu können. Somit sind der Kreativität der Benutzer keine Grenzen gesetzt. Die Objekte lassen sich in SL in Echtzeit und in Zusammenarbeit mit anderen erstellen. Der digitale Stellvertreter, genannt "Avatar", lässt sich individuell einstellen und macht es somit möglich seine Persönlichkeit auf unterschiedlichste Weise

---

[52] (Lober, 2007), S. 7
[53] (Meinke, 2006), WWW

auszudrücken. Die realitätsnahe Simulation der Umgebungsphysik in SL wird auf einem Backbone aus Hunderten miteinander verbundenen Computern ausgeführt und wächst mit seiner Bevölkerung mit. Der Benutzer kann 3D-Inhalte entwerfen und verkaufen, Land erwerben und bebauen, virtuelles Geld verdienen, welches sich auch in reales Geld umtauschen lässt.[54] SL ging im Sommer 2003 online und hat bis heute etwa 10 Millionen kostenlose Accounts und rund 100.000 aktive Teilnehmer akquiriert, die an einer Art virtuellem Wirtschaftsleben partizipieren. SL ist die bekannteste und beliebteste virtuelle 3D-Plattform. Umsatz generiert SL über die Vermietung von virtuellem Land und den Premium Accounts. Diese sind notwendig um in SL Land kaufen und bebauen zu können. Der Account kostet ca. fünf Euro monatlich. Im Sommer 2008 hat es Linden Research Inc. in Kooperation mit IBM zum ersten Mal geschafft einen Avatar von Second Life in eine andere virtuelle Welt zu teleportieren. Dabei wurde der Avatar auf einen OpenSim Server teleportiert.[55] Das dabei verfolgte Ziel ist klar: Plattform-Wechsel mit ein und demselben Avatar! Dies ist im Moment die Vision auf die unter dem Schlagwort **Web-3D** hingearbeitet wird. Die Zukunft sieht also so aus, dass ein Benutzer nur noch einmalig einen Avatar erstellt und mit diesem dann in allen existierenden virtuellen Welten auftreten kann. Ein weiteres Feature von SL ist das **virtual conferencing**, von dem immer mehr Organisationen Gebrauch machen. Beispielsweise veranstaltete IBMs Academy of Technology im Herbst 2008 eine Virtual World Conference und anschließend eine Jahresversammlung. Beide fanden in einer sicheren SL-Umgebung statt. IBM schätzt, dass der ROI für diese Konferenz bei rund 320.000 US$ lag und die Jahresversammlung für nur ein Fünftel der in der realen Welt anfallenden Kosten ausgeführt wurde. Somit ist klar dass die IBM diese Möglichkeit auch weiterhin nutzen wird.[56]

2.3.1.2.2 Der Neuling: Twinity

Selbst definiert sich Twinity als „[…] eine 3D-Onlinewelt, die eng mit der Realität verknüpft ist."[57] Betreiber der Plattform ist das Unternehmen **Metaversum** aus Berlin. Twinity ist der Neuling auf dem proprietären 3D-Plattform-Markt und existiert erst seit September 2008. Die Besonderheit an Twinity ist, dass es sich so nah wie möglich an der Realität orientiert. So werden auch nur real **existierende Mega-Cities** aufgebaut, wie z.B. Berlin, Singapur oder London. Die Avatare haben, bis auf die Möglichkeit sich zu

---

[54] Vgl. (Linden Research Inc., 2009), WWW
[55] Vgl. (Klaß, 2008), WWW
[56] Vgl. (Second Life Grid, 2009), WWW
[57] (Metaversum GmbH, 2009), WWW

teleportieren, dieselben Eigenschaften der Menschen aus der realen Welt: Sie können nicht fliegen und das Aussehen ist auf ein menschliches Aussehen beschränkt. Derzeit befindet sich Twinity in der Beta-Phase und hat von sich aus die Teilnehmer begrenzt. Ziel ist ein kontinuierliches Wachstum mit einer parallel laufenden und stetigen Weiterentwicklung der Plattform. Die Plattform wird schrittweise für den Markt geöffnet. Die virtuelle Stadt **Berlin** ist bereits für Benutzer zugänglich, an der Entwicklung von London und Singapur wird derzeit gearbeitet. In Twinity besteht die Möglichkeit Geschäftsräume zu mieten und dort die eigenen Waren zu verkaufen. Eigene Gebäude dürfen nicht erstellt werden um das Stadtbild zu wahren. Mittlerweile ist es aber möglich in Twinity Objekte im 3D-Format **Collada** zu importieren. Benutzer können sich in Twinity ein Zuhause kaufen, dieses mit verschiedenen Möbeln und Gegenständen einrichten und außerdem über Voice- und Text Chat mit anderen Benutzern kommunizieren. Momentan ist der Account noch kostenlos. Es bleibt abzuwarten, ob sich das ändert. Wahrscheinlich wird nach Abschluss der Beta-Phase ein Premium-Zugang zur 3D-Plattform kostenpflichtig werden.

2.3.1.2.3 Der Hoffnungsträger: OpenSim

Das **OpenSim-Projekt** entstand 2007 und wurde von Darren Guard initiiert. Ziel war es eine virtuelle 3D-Umgebung zu schaffen, die für unterschiedliche Anwendungsbereiche nutzbar ist.[58] Guard erkannte nämlich das Problem, dass viele Versuche virtuelle Welten zu entwickeln hauptsächlich daran scheiterten, dass man gleichzeitig Server und Client entwickeln musste. Sein Glück war, dass im Januar 2007 der Second Life-Client **Second Life-Viewer** als Open Source veröffentlicht wurde und somit die damit verbundene Programmbibliothek **libSecondlife** in einer stabilen Version vorlag. So wurde die Idee zu OpenSim geboren. Ursprüngliches Ziel war es ein Konzept für einen Server zu entwickeln, auf den man sich mit einem Second Life-Viewer verbinden konnte und der die grundsätzlichen Funktionen dieses einen Clients unterstützen sollte. Mittlerweile hat sich das Ziel jedoch ausgeweitet: Man versucht nun einen **Standard** für Plattformen virtueller Welten im Allgemeinen zu entwickeln, der von jeder Anwendung eingebunden werden kann und somit eine größere Interoperabilität ermöglicht. So lassen sich unbegrenzt 3D-Welten erstellen, Avatare erschaffen, Landschaften formen und Skripte, Texturen, Sounds und Animationen hochladen und gestalten. Zur internen Kommunikation lässt sich ein klassischer Chat einsetzen. Man kann sich weiter mit anderen OpenSim-Servern verbinden um gemeinsam eine umfangreiche virtuelle 3D-Landschaft zu generieren. OpenSim ist

---

[58] Vgl, (Strunck, 2009), WWW

somit nach Expertenmeinung die grundlegende technologische Basis für die Entwicklung eines erweiterten, zukünftigen **3D-Internet**. Es ermöglicht den Betrieb und die Nutzung einer eigenen, kostenlosen 3D-Echtzeit-Simulation auf dem eigenen PC mit der zusätzlichen Option diesen entweder alleine im **Standalone-Modus** zu betreiben oder ihn an andere OpenSims anzuschließen. Der Anschluss kann entweder im **HyperGrid-Modus** oder im klassischen **Grid-Modus** erfolgen. Eine unabhängige Welt im Standalone-Modus ist z B. für Unternehmen interessant, die die neuen Möglichkeiten virtueller Welten für sich nutzbar machen möchten, dies aber vor dem Hintergrund der Datensicherheit bisher gescheut haben.

Man kann bei OpenSim anderen Nutzern Zugang zu einem Sim gewähren. Sie können sich dann in GridMode mit ihrem Avatar beliebig von Sim zu Sim bewegen oder teleportieren. Mit Sicherheit ist es ein sehr großer Vorteil von OpenSim, dass es auf der Technologie von Second Life basiert. Somit lassen sich z. B. einzelne Objekte zwischen OpenSim und Second Life durch Export-Import-Funktionen austauschen. Als Client kann zum einen der Second Life-Viewer verwendet werden, zum anderen existiert mittlerweile etwa ein Dutzend Open Source-verfügbarer OpenSim-Clients. Die bekanntesten davon sind aktuell der **Hippo-Viewer** und der **realXtend-Viewer**. OpenSimulator ist in **C#** programmiert und befindet sich noch in der Alpha-Phase in der aktuellen Version 0.65. Es wird täglich von einer sehr fleißigen Gemeinde weiterentwickelt, siehe z. B. (opensim, 2009). Die Architektur von OpenSim ist bewusst am Linden Lab Network ausgerichtet. Deshalb gibt es fünf Services welche jeder Region, die mit dem Viewer kommunizieren will, zur Verfügung gestellt werden. Diese fünf Services sind: **User**, **Grid**, **Asset**, **Inventory** und **Messaging**. Deshalb heisst die OpenSim-Architektur offiziell **UGAIM**-Architektur.

Eine detaillierte Betrachtung verdient an dieser Stelle noch der **HyperGrid-Modus**. Dieser Modus ist eine Erweiterung, die es erlaubt, den eigenen OpenSim mit anderen OpenSims bei nahtlosem Datentransfer über das Internet zu verbinden. Er kann sowohl im Standalone-Modus als auch im Grid-Modus verwendet werden. Somit fördert dieser Modus eine effektive Vernetzung virtueller Welten. Die Grundidee des HyperGrid besteht darin, dass der Administrator einer OpenSim-Region oder eines OpenSim-Grids Hyperlinks auf seine Landkarten setzen kann, die auf hypergride Regionen anderer Betreiber verweisen. Sobald diese Hyperlinks bestehen, können Benutzer auf die neuen Regionen auf genau die gleiche Art einwirken wie auf die eigene Region bzw. den eigenen Grid. Um genau zu sein, können Benutzer sich in die neue Region teleportieren lassen. Sobald die Benutzer die Region hinter dem Hyperlink erreicht haben, interagieren sie automatisch mit der neuen Welt ohne sich darin neu einloggen zu müssen und haben darüber hinaus immer noch Zugriff auf das gesamte eigene Inventar.[59]

Viele Unternehmen haben sich mittlerweile der OpenSim-Thematik angenommen und entwickeln unterschiedliche Features und Dienste. Das im Zusammenhang mit der Fragestellung der Studie interessanteste Projekt stellt dabei **realXtend** dar.

Es stellt eine Open Source-Plattform für die Entwicklung von eigenen 3D-Welten mit OpenSimulator als Basis zur Verfügung. RealXtend stellt dabei den **realXtend-Viewer** und den **realXtend-Server** zur Verfügung. Der Server setzt auf OpenSim als Basistechnologie auf, hat aber den Vorteil, dass er schon eine gut ausgestattete 3D-Welt installiert hat, die man nach seinen Ansprüchen modifizieren kann. Darüber hinaus werden mit der Installation eine umfangreiche Datenbank an 3D-Objekten mitgeliefert um sofort mit dem Umbau der virtuellen Welt beginnen zu können. Weitere Features sind Weiterentwicklungen in verschiedenen Bereichen. RealXtend unterstützt z. B. den Import des Ogre-Formats, ein Avatar-Generator ermöglicht den Import und die Modifikation der Avatare uvm. Das Ziel dieser Plattform ist die Entwicklung standardisierter, webbasierter virtueller 3D-Welten zu beschleunigen. Dies wird erreicht indem die beste Technologie für jedermann kostenlos verfügbar gemacht wird. Denn nach Auffassung der Betreiber liegt der wahre Wert miteinander verbundener 3D-Welten in deren Anwendungen und nicht in der Plattformtechnologie selbst.[60]

2.3.1.2.4 *Aus der Java-Welt: Project Wonderland*

Das Java-basierte Toolkit „Project Wonderland" oder „**Wonderland**" ist Open Source. Im Jahre 2007 zu reinen Demonstrationszwecken entwickelt, liegt es aktuell in der **Version 0.5** vor. Wonderland ist für die Erstellung von **kooperationsorientierten** virtuellen 3D-Welten entwickelt worden. Innerhalb dieser 3D-Welten können Benutzer mit hoher immersiver Klangwiedergabequalität kommunizieren, Desktop-Anwendungen und Dokumente live miteinander teilen und echte Geschäftstransaktionen abwickeln. Wonderland ist außerdem erweiterbar. Entwickler können neue Funktionalitäten hinzufügen um sowohl komplett neue Welten als auch neue Features in vorhandenen Welten zu kreieren.[61] Mit Wonderland soll eine Umgebung bereitgestellt werden, die in Sachen Sicherheit, Skalierbarkeit, Zuverlässigkeit und Funktionalität alles abdeckt.

---

[59] Vgl. (Opensimulator.org, 2009), WWW
[60] Vgl. (realXtend, 2009), WWW
[61] Vgl. (java.net, 2009), WWW

Unternehmen können Wonderland für den Aufbau einer virtuellen Präsenz nutzen um mit Kunden, Partnern und Mitarbeitern besser kommunizieren zu können. User sollen darüber hinaus in der Lage sein ihre tägliche Arbeit in virtuellen Welten erledigen zu können. Sie sollen auch in der Lage sein Teile der virtuellen Welt selbst zusammen zu fügen um somit ihre eigenen Arbeitsgewohnheiten und Bedürfnisse abzubilden. Mögliche Kollaborations-Szenarien sind z. B. **Audio-orientierte-Kommunikationsformen**, **Live-Desktop-Anwendungen** aller Art und **kollaborative Kreationen** mit grafischem und prozeduralem Inhalt. Ein wichtiges Ziel der Entwickler von Wonderland ist die strikte **Erweiterbarkeit** der Umgebung. Auch neue Verhaltensweisen von Avataren oder anderen Objekten der virtuellen Welt sind bei Wonderland durch initiative Entwicklungen realisierbar. Langfristiges Ziel ist die Unterstützung einer Entwicklung der Dinge in der virtuellen Welt selbst. Trotzdem wurde darauf geachtet, dass Objekte und andere Daten in Wonderland importiert werden können: Sowohl Open Source als auch proprietäre Modeling- und Animations-Formate werden unterstützt.[62] Der **Client** hat einen browsertypischen Aufbau. Der **Server** ist ein Set unabhängiger Anwendungen und arbeitet Web-basiert. Abbildung 8 zeigt den **Software-Stack** in der aktuellen Version. Wie dabei ersichtlich wird, managed der Web-Server Services die sich aus internen und externen Prozessen zusammensetzen. Es können aber auch externe Services z. B. zur Identifizierung implementiert werden. Die Hauptfeatures sind derzeit das **Application Sharing**, bei dem X11- und Java-Anwendungen bei einer Zusammenarbeit von den Teilnehmern gemeinsam genutzt werden können, das **Immersive Audio**, welches viele verschiedene Audio-Features wie Mixen, Recorden, das Virtuelle Mikrofon etc. bereitstellt und die **Telephone Integration**, die es Avataren ermöglicht sich über ihre Telefone zu verbinden. Vor allem das Application Sharing ist ein großes Plus für Wonderland. Hat man nämlich bereits Java-basierte Anwendungen in Gebrauch, kann mit geringem Aufwand aus dieser Anwendung heraus dynamisch eine 3D-Welt generiert werden,[63] zu sehen auch in Abbildung 9. Das **Game Graphics System** von Wonderland setzt auf der 3D-Gameengine **J-Monkey** auf, ebenfalls eine reine Java-basierte Entwicklung. Das **Avatar-System** beinhaltet vorgefertigte 3D-Körper, eine Skinning-Funktion zur Anpassung der Texturen sowie Animationen und Posen die zur Belebung der Körper eingesetzt werden können. Was das Inventar von Wonderland angeht, so existieren hierzu, wie oben bereits erwähnt, schon einige Features. Z. B. lassen sich bereits 3D-Modelle im Collada-Format **.dae** und im

---

[62] Vgl. (java.net, 2009), WWW
[63] Vgl. (Nourie, 2008), WWW

Google SketchUp-Format **.skp** importieren. Auch werden alle gängigen Tools wie Photoshop, GIMP, Google SketchUp, Maya und sogar Blender unterstützt und können somit kreativ genutzt und in den Erstellungsprozess integriert werden. Der Content kann aber auch dynamisch aus einer integrierten Palette eingefügt werden, wie z. B. der Firefox Browser oder das Mikrofon. Fast zum Standard einer 3D-Welt gehören schon die klassischen **In-world tools**, mit denen sich Objekte bewegen, modifizieren aber auch skalieren lassen. In der Entwicklung befinden sich derzeit noch ein **modulares System** um eigenentwickelte **Extensions** in Form von Artwork, Code, Skripten, etc. auch proprietär bereitstellen zu können, das sog. **Embedded Swing** zur in-world-Application-Entwicklung sowie ein **Web-basiertes Managementsystem** für den Server. Mit diesem erweiterten Funktionsumfang kann aber nach Aussage von Sun erst Mitte des Jahres 2010 gerechnet werden.[64]

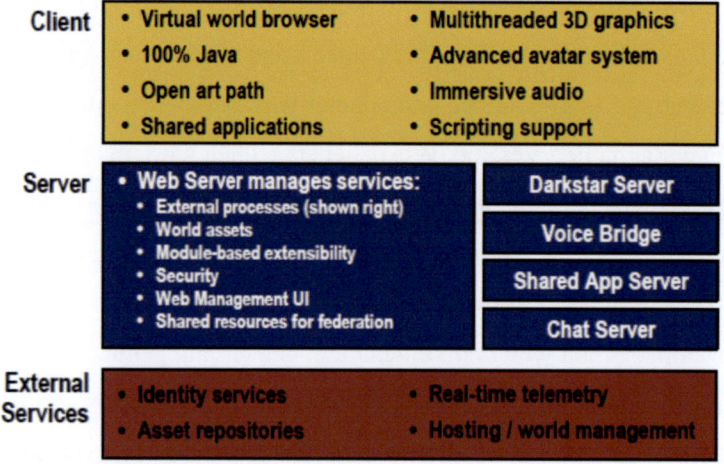

Abbildung 8: Software-Stack von Wonderland in der aktuellen Version 0.5 (Quelle: (Sun Microsystems Inc., 2009), WWW)

---

[64] Vgl. (Sun Microsystems Inc., 2009), WWW

Abbildung 9: Aus der Java-basierten Anwendung heraus wird die 3D-Welt zur immersiven Kommunikation erzeugt
(Quelle: (Nourie, 2008), WWW)

2.3.1.3. Analyse von 3D-Plattformen

Die Analyse der Plattformen soll dem Leser einen tieferen Einblick in ihre Leistungsfähigkeit und die Anforderungen an selbige verschaffen. Hierzu wurden Kriterien eruiert, die die Plattformen auf einer technischen Ebene miteinander vergleichbar und somit bewertbar machen. Die Analyse wird durch eine Gegenüberstellung in einem Kriterienraster umgesetzt. Zunächst werden die Kriterien kurz beschrieben und anschließend an den vier 3D-Plattformen **Second Life**, **Twinity**, **Open Simulator** und **Project Wonderland** über ein Raster abgebildet.

2.3.1.3.1 Kriterien

Zunächst wird auf die **Systemanforderungen** der Plattformen eingegangen. Für die Erstellung von 3D-Welten und den darin befindlichen Objekten ist es wichtig, dass Schnittstellen zu 3D-Grafikprogrammen existieren. Deshalb werden nach den Systemanforderungen die **3D-Grafikformate** und **3D-Grafikprogramme** betrachtet, die mit den 3D-Plattformen kompatibel sind. Als letztes Kriterium für den Vergleich der 3D-

Plattformen sollen die möglichen **Scripting Languages** herangezogen werden, da diese für Entwickler oft entscheidend sind.

2.3.1.3.1.1 Systemanforderungen

Damit die erzeugten 3D-Welten und Objekte überhaupt auf den Rechnern der Endbenutzer aufgerufen werden können, müssen deren Rechner die Systemanforderungen erfüllen. Dabei gilt: Je höher die Qualität der Anwendung, desto höher sind die Systemanforderungen. Dies kann sich in verschiedenen Kriterien wiederspiegeln die nachfolgend beschrieben werden.

Betriebssystem

Das Betriebssystem als zentrales Steuerelement eines Rechners sorgt für den Ablauf von Anwendungsprogrammen, verwaltet den Hauptspeicher und regelt die Ein- und Ausgabe von Daten. Für den Vergleich wurden nur die gängigsten Betriebssysteme herausgesucht: **Windows XP** und **Vista**, **Mac OSX** sowie **Linux** und **Solaris**. Tabelle 1 zeigt die Ergebnisse.

CPU/ Prozessor

Der Hauptprozessor ist die zentrale Verarbeitungseinheit eines Rechners und führt sämtliche Rechen- und Ladevorgänge während des Betriebs aus. Je besser der Prozessor, desto mehr Rechenvorgänge können in kürzerer Zeit ablaufen. Auch bei den Prozessoren zeichnet sich ab, dass die Plattformen vor allem für die weiter verbreiteten Prozessoren von Intel ausgelegt sind. Die im Vergleich aufgeführten Prozessoren sind folgende: **Intel Core 2 Duo**, **Intel Core 2 Quad**, **Athlon 800** und **Athlon XP 2** (siehe Tabelle 2).

RAM/ Arbeitsspeicher

Die verschiedenen Plattformen setzen eine Mindestgröße des Arbeitsspeichers voraus. Es gilt, dass ein kleinerer Arbeitsspeicher als angegeben einen optimalen Ablauf des Programms verhindert. Um eine moderne 3D-Plattform am Laufen halten zu können, sollte ein Arbeitsspeicher in der Größenordnung von einem Gigabyte vorhanden sein, wie aus Tabelle 3 ersichtlich wird.

Grafikanforderungen

Die Grafikkarte spielt eine elementare Rolle, wenn es darum geht, 3D-Szenen in einer ansprechenden Qualität abzuspielen. Hier ist die Echtzeitvisualisierung der 3D-Welt wichtig. Dafür besitzen Grafikkarten einen eigenen Grafikprozessor und einen Grafikspeicher. Je besser eine Grafikkarte ausgestattet ist, desto besser können Abläufe und Details sichtbar gemacht werden. Die im Vergleich aufgeführten Grafikkarten-Serien reichen für Anwender, die sich 3D-Objekte ansehen möchten bzw. die virtuelle 3D-Welten besuchen. Folgende Grafikkarten werden verglichen: Von **ATI-Radeon** die **Serien 8000, 9000 und X**, sowie von **Nvidea GeForce** die **Serien 7, 8 und 9**. Auch hier gilt, dass diese Empfehlungen der 3D-Plattformen lediglich **Mindestanforderungen** sind. Sollten qualitativ bessere Grafikkarten eingesetzt werden, hat dies auf den Ablauf der Programme keinen Einfluss. Tabelle 4 liefert die Übersicht und Ergebnisse.

2.3.1.3.1.2 Importierfähige Grafikformate

Die meisten 3D-Objekte werden nicht direkt in der virtuellen Welt erstellt, sondern mit Hilfe externer Grafikprogramme. Die 3D-Plattformen bieten verschiedene Schnittstellen um diese Objekte zu importieren. Für diesen Import müssen die Objekte bestimmte **Grafikformate** haben. Im Folgenden werden einige 3D-Grafikformate aufgelistet und beschrieben. Dies sind vor allem **3dm, 3ds, ase, dae, fbx, obj, rwx, wrl, x3d** und **skp**. Eine nähere Beschreibung einiger dieser Formate erfolgt im Kapitel **„Integration von 3D-Welten in existierende 3D-Plattformen"**. Die Erkenntnisse zu Grafikformaten sind in Tabelle 5 dargestellt.

2.3.1.3.1.3 3D-Grafikprogramme

Dateien, welche die zuvor beschriebenen Grafikformate haben, können mit verschiedenen Grafikprogrammen erstellt werden. Auf dem Markt existiert eine unglaubliche Fülle dieser Grafikprogramme, sowohl im proprietären als auch im Open Source-Bereich. Die wichtigsten nachfolgend aufgezählten sollen zur Analyse herangezogen werden: **Blender, Wings 3D, SketchUp, Art of Illusion, 3dsMAX, Lightwave, Maya und Softimage XSI**. Die wichtigsten dieser Grafikprogramme werden im Kapitel **„Modellierung von 3D-Welten"** näher erläutert. Die Ergebnisse des Vergleichs der 3D-Grafikprogramme liefert Tabelle 6.

2.3.1.3.1.4 Skriptsprachen

Die verschiedenen Plattformen sind alle in verschiedenen Skriptsprachen geschrieben. Mit ihnen werden die Rahmenbedingungen für den Ablauf dieser Welten gelegt. Es besteht teilweise die Möglichkeit, verschiedene Programmiersprachen zu verwenden. Im Folgenden werden die einzelnen Programmiersprachen genannt, die für den Vergleich (siehe Tabelle 7) betrachtet wurden: **C#, Java, JScript.NET, Linden Scripting Language** (kurz: LSL), **Open Simulator Scripting Language** (kurz: OSSL), **Python**, **Visual Basic.NET** und **Yield Prolog**.

2.3.1.3.2 Vergleich

2.3.1.3.2.1 Systemanforderungen

Kriterium	Second Life[65]	Twinity[66]	Open Simulator	Project Wonderland[67]
Betriebssystem				
Windows XP	●	●	●	●
Windows Vista	●	●	●	○[68]
Mac OSX	●	○	●	●
Linux	●	○	●	●
Solaris x86	○	○	○	●
● = True; ○ = False;				
Ergebnis: Die dominanteste Plattform stellt SL dar, welche alle Betriebssysteme außer Solaris abdeckt. Solaris ist eine typische Domäne von Project Wonderland.				

Tabelle 1: Vergleich Betriebssysteme
(Quelle: Eigene Darstellung)

---

[65] Vgl. (Linden Research Inc., 2009), WWW
[66] Vgl. (Metaversum GmbH, 2009), WWW
[67] Vgl. (java.net, 2009), WWW
[68] Vgl. (java.net, 2009), WWW

Kriterium	Second Life[69]	Twinity[70]	Open Simulator[71]	Project Wonderland[72]
CPU				
Athlon 800	●	○	○	○
Intel Core 2 Duo	●	●	○	●
Intel Core 2 Quad	●	●	●	●
Athlon XP 2	●	●	●	●
● = True; ○ = False;				
Ergebnis: OpenSim scheint die anspruchsvollste Plattform zu sein. SL hingegen läuft auch auf älteren Prozessoren.				

Tabelle 2: Vergleich CPUs
(Quelle: Eigene Darstellung)

Kriterium	Second Life[73]	Twinity[74]	Open Simulator[75]	Project Wonderland[76]
RAM				
> 512 MB	●	○	○	○
> 1 GB	●	●	○	●
> 2 GB	●	●	●	●
● = True; ○ = False;				
Ergebnis: Ein Gigabyte RAM sollte vorhanden sein, allerdings sind zwei Gigabyte RAM heute Standard.				

Tabelle 3: Vergleich RAM-Größen
(Quelle: Eigene Darstellung)

---

[69] Vgl. (Linden Research Inc., 2009), WWW
[70] Vgl. (Metaversum GmbH, 2009), WWW
[71] Vgl. (Strunck, 2009), WWW
[72] Vgl. (java.net, 2009), WWW
[73] Vgl. (Linden Research Inc., 2009), WWW
[74] Vgl. (Metaversum GmbH, 2009), WWW
[75] Vgl. (Strunck, 2009), WWW
[76] Vgl. (java.net, 2009), WWW

Kriterium	Second Life[77]	Twinity[78]	Open Simulator[79]	Project Wonderland[80]
Grafikanforderungen				
ATI-Radeon-8000-Serie	●	○	○	○
ATI-Radeon-9000-Serie	●	●	●	●
Ab ATI-Radeon-X-Serie[81]	●	●	●	●
GeForce-7-Serie[82]	●	○	○	●
GeForce-8-Serie	●	●	●	●
Ab GeForce-9-Serie	●	●	●	●
● = True; ○ = False				
Ergebnis: Radeon und GeForce treten gleichwertig auf. Allerdings sollten von beiden Typen nur die neueren Modelle für eine 3D-Visualisierung eingesetzt werden.				

Tabelle 4: Vergleich Grafikanforderungen
(Quelle: Eigene Darstellung)

---

[77] Vgl. (Linden Research Inc., 2009), WWW
[78] Vgl. (Metaversum GmbH, 2009), WWW
[79] Vgl. (Strunck, 2009), WWW
[80] Vgl. (java.net, 2009), WWW
[81] Vgl. (Radeon3D.org, 2009), WWW
[82] Vgl. (wikipedia.org, 2009), WWW

2.3.1.3.2.2 3D-Grafikformate

Kriterium	Second Life[83]	Twinity[84]	Open Simulator[85]	Project Wonderland[86]
3dm	●	○	○	○
3ds	●	○	○	●
ase	○	○	○	○
dae	○	●	◐	●
fbx	●	○	○	○
obj	●	○	○	○
x3d	○	○	◐	●
skp	○	○	○	●
● = True; ○ = False; ◐ = in der Entwicklung;				
Ergebnis: SL unterstützt die meisten Formate. Wonderland ist aber auch sehr gut aufgestellt. Außerdem scheinen sich die Formate Collada und X3D am Markt durchzusetzen.				

Tabelle 5: Vergleich 3D-Grafikformate
(Quelle: Eigene Darstellung)

---

[83] Vgl. (Linden Research Inc., 2009), WWW
[84] Twinity hat im April 2009 eine Schnittstelle zum Import von Collada-formatierten Objekten implementiert und seinen Entwicklern und Content-Partnern zur Verfügung gestellt. Weitere Formate sind in der Entwicklung, allerdings ist noch nicht bekannt um welche es sich dabei handelt. Es wird aber wohl je nach Marktsituation auf .skp, .x3d oder .3ds hinauslaufen.
[85] Die Entwicklungen der Schnittstellen zu den Formaten Collada (.dae) und .x3d wurden im Verlaufe des Google Summer of Code 2008 begonnen. Derzeit ist leider noch nicht ersichtlich, wann die Schnittstellen dazu veröffentlicht werden. Siehe dazu (Frisby, 2008), WWW
[86] Wonderland unterstützt die Formate .x3d und .skp direkt. Siehe dazu (java.net, 2009).

2.3.1.3.2.3 3D-Grafikprogramme

Kriterium	Second Life[87]	Twinity	Open Simulator	Project Wonderland
Art of Illusion[88]	●	○	○	●
Blender	●	●	◖	●
Wings 3D	●	○	○	○
SketchUp (Pro)	●	●	◖	●
3dsMAX	●	●	◖	●
Maya	●	●	◖	●
Lightwave	●	○	○	○
Softimage XSI	●	●	○	○
● = True; ○ = False; ◖ = in der Entwicklung;				
Ergebnis: Wer proprietäre Software einsetzt, sollte auf 3dsMAX nicht verzichten. Im Open Source-Bereich ist Blender zu empfehlen. Wer gerne mit einfachen Grafik-orientierten Tools arbeitet, sollte Google SketchUp ausprobieren oder die Anschaffung von SketchUp Pro in Erwägung ziehen.				

Tabelle 6: Vergleich 3D-Grafikprogramme
(Quelle: Eigene Darstellung)

---

[87] Vgl. (Linden Research Inc., 2009), WWW
[88] Art of Illusion unterstützt VRML und X3D: siehe dazu (Scheurich, 2001), WWW

2.3.1.3.2.4 Skriptsprachen

Kriterium	Second Life	Twinity	Open Simulator	Project Wonderland[89]
C#	○	○	●	○
Java	○	○	○	●
JScript.NET	○	○	●	○
LSL	●	○	●	○
OSSL	○	○	●	○
Python	○	●	○	●
Visual Basic.NET	○	○	●	◑
Yield Prolog	○	○	●	○

● = True; ○ = False; ◑ = in der Entwicklung;

Ergebnis: OpenSimulator unterstützt mit Abstand die meisten Skriptsprachen. Entwickler die sich mit Java auskennen und darüber hinaus andere gängige Skriptsprachen nutzen, werden dank der JSR223 bei Wonderland gut bedient.

Tabelle 7: Vergleich Skriptsprachen
(Quelle: Eigene Darstellung)

---

[89] Bei Project Wonderland kann man grundsätzlich in Java programmieren. Es lassen sich aber so ziemlich alle Scripting-languages einbinden. Grund dafür ist der Java Specification Request 223 (**JSR 223**). Die Spezifikation beschreibt Mechanismen, die es in Skriptsprachen entwickelten Programmen ermöglichen auf Informationen der Java-Plattform zuzugreifen. Diese Skript-Programme können somit in serverseitige Java-Anwendungen integriert werden. Informationen zum aktuellen Stand des JSR 223 siehe unter (Java Community Process, 2006). Eine Beispielanwendung kann unter (Tremblett, 2009) eingesehen werden.

2.3.2. Modellierung von 3D-Welten

Dieses Kapitel soll eine Übersicht darüber verschaffen, welche Möglichkeiten existieren um für 3D-Welten Objekte erstellen zu können, d. h. welche Technologien dazu vorliegen. Grundsätzlich kann man dabei zwei Vorgehensmöglichkeiten unterscheiden. Zum einen existieren oft **Client-integrierte Werkzeuge** mit denen in der bestehenden Welt selbst Objekte erschaffen und bearbeitet werden können. Ein Beispiel dafür ist das **Inworld-Build-Tool** des SL-Viewers. Zum anderen existiert eine Unmenge an **externen Werkzeugen** zur Generierung von 3D-Objekten. Für die Studie interessant sind vor allem Tools, die die Kreation **digitaler Inhalte** und die Generierung von **3D-Web-Content** unterstützen. Hierzu wurden ein paar aus dem zuvor durchgeführten Vergleich ausgesucht. Diese werden im Folgenden näher beschrieben: Der Allrounder mit dem größten Marktanteil **3dsMAX**, das ebenfalls mächtige Open Source-Tool **Blender** sowie das neueste 3D-Creation-Tool aus der Google-Schmiede **SketchUp.** Vor- und Nachteile beider Toolvarianten liegen auf der Hand. Inworld-Tools haben nur den grundlegenden Funktionsumfang zur Verfügung, bleiben dafür frei von Schnittstellen-Problematiken. Externe Tools wiederum haben genau diese Schnittstellen zu meistern und bieten dafür einen sehr umfangreichen Funktionsumfang der in der 3D-Welt nicht realisierbar ist. Diese Tools sollen in den nachfolgenden Kapiteln näher betrachtet werden.

Tabelle 8 liefert zusätzlich eine Übersicht der **exportierbaren** Formate der 3D-Modellierungswerkzeuge.

	3dsMAX	Blender	SketchUp	SketchUp Pro	Inworld-Build-Tool bei SL
3ds	●	●	○	●	○
fbx	●	●	○	●	○
dxf	●	○	○	●	○
dae	●	●	○	●	○
obj	●	●	○	●	○
wrl	●	●	○	●	○
x3d	○	●	○	○	○
skp	○	○	●	●	○
dwg	○	○	○	●	○
xsi	◐	●	○	●	○
quicktime	◐	◐	○	●	○
avi	●	◐	○	●	●
pdf	◐	◐	○	●	○
bmp, tiff, png, jpg	●	●	●	●	png
● = Unterstützung; ○ = keine Unterstützung; ◐ = Unterstützung nur über Plugins;					

Tabelle 8: Exportierbare Formate von 3D-Modellierungswerkzeugen
(Quelle: Eigene Darstellung)

2.3.2.1. Inworld-Build-Tool bei Second Life

Wie bei den Tools 3d Studio Max oder Blender weiter unten näher beschrieben, gehören zu den Grundfunktionalitäten von 3D-Modellierungswerkzeugen **Modellieren, Shading, Lichtdesign, Rendering, Animation** und das **Skripting**. Welche dieser Funktionen ein einfaches Inworld-Build-Tool (kurz: **IBT**) leisten kann, soll hier beleuchtet werden. Es sei vorweg gesagt, dass ein IBT von der Tiefe nicht an ein Max oder Blender reicht und dass Client-integrierte Tools vorrangig zur Kommunikation und Inventarisierung eingesetzt werden. Gleichzeitig stellen sie jedoch soviel Funktionalität bereit, um schnell kreativ werden zu können. Zur **Modellierung** steht dem IBT von SL eine Datenbank aus primitiven Objekten, sog. **Prims** zur Verfügung. Diese können nach Erstellung durch Positionierung, Drehung und Dehnung manipuliert und mit anderen Objekten zusammengeführt werden. Auch das Land selbst, auf dem gebaut wird, lässt sich bearbeiten, indem man es einebnet, anhebt, absenkt, glättet, usw. Erstellte Objekte können auch mit **Texturen** belegt werden. Auch hier kann man entweder auf eine SL-Datenbank an Mustern zurückgreifen oder aber eigene Bilder hochladen und auf den Objekten positionieren. Hingegen lässt sich in Sachen **Lichtdesign** keine umfangreiche Funktion finden. Alleine einzelnen Objekten kann eine farbliche Beleuchtung zugewiesen werden. Auch **Rendering** existiert zwar, aber nur in Form eines „Foto"-Buttons, der Screenshots schießt, die dann im png-Format gespeichert werden können. **Animation** und **Skripting** sind im IBT von SL eng miteinander verbunden, denn mit der **Linden Scripting Language** lassen sich Animationen für den Avatar oder andere Objekte schreiben. Abbildung 10 zeigt den **KnowCube** der Hochschule Heilbronn. Dieser wurde mit dem SL-IBT zu Veranschaulichung auf einem OpenSim-Server modelliert und zeigt, dass nicht unbedingt hochkomplexe 3D-Werkzeuge zur Erstellung von 3D-Objekten notwendig sind.

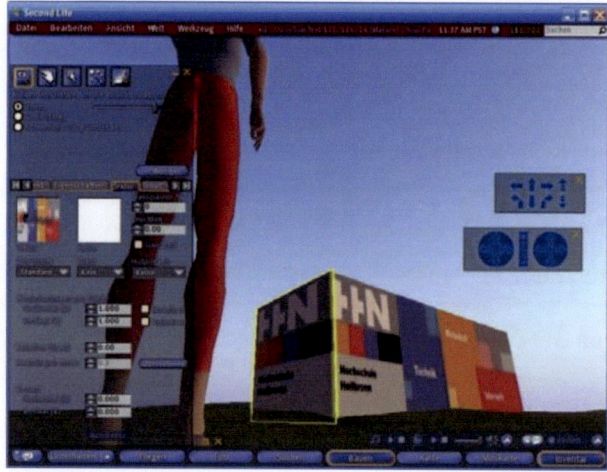

Abbildung 10: KnowCube mit dem Second Life-builder modelliert
(Quelle: Eigener Screenshot)

2.3.2.2. 3d Studio Max

3d Studio Max, von eingefleischten Fans einfach **Max** genannt, ist eine kommerzielle Software zur Erstellung von 3D-Objekten und Animationen. Es wird von **Autodesk** bereits seit 14 Jahren entwickelt und läuft ausschließlich auf dem Betriebssystem Windows. Der Funktionsumfang der Software ist über die Jahre gewachsen, wurde mit Extensions überhäuft und ist mittlerweile so unglaublich mächtig, dass es mit Sicherheit keinen Experten gibt, der sich mit allen Funktionen gleich gut auskennt. Um alle Funktionen in

Max zu verstehen, braucht man fundiertes Wissen aus dem 3D-Bereich sowie jahrelange Erfahrung in der Anwendung. Max ist das umfangreichste 3D-Grafik- und Animationsprogramm, das am 3D-Markt im Bereich der digitalen Contenterstellung existiert. Durch die vielen Möglichkeiten in den einzelnen Teilbereichen der Software wie Modellierung, Materialisierung, Texturierung und Animation existieren in der freien Wirtschaft Experten, die sich in 3ds Max nur auf einen Bereich spezialisieren. Die wichtigste Funktion bei Max ist die Modellierung. Hierunter wird die einfache Erstellung und Bearbeitung von 3D-Objekten verstanden. Max verfügt über eine riesige Bibliothek von vorgefertigten 3D-Objekten. Weiter existiert eine Menge von Shading-Funktionen, die zur Bearbeitung von Oberflächen, Materialien und Texturen eingesetzt werden. Auch Lichteinstellungen spielen in der 3D-Welt eine große Rolle, denn sie lassen Szenen realitätsnah erscheinen. Max bietet dazu zehn verschiedene Typen an Lichtquellen. Eine weitere Hauptfunktion von Max ist das Rendern, d. h. aus den 3D-Daten wird eine 2D-Ansicht generiert. Max kann natürlich auch Animationen erstellen. Diese Funktion wird vor allem im Gaming-Bereich sehr geschätzt und angewandt. Zu guter Letzt sei noch auf das Scripting verwiesen, denn die Software verfügt über eine eigene Scripting-Language genannt „MAXScript". Interessant ist auch die Betrachtung der **Objekterzeugung**. Bei der Modellierung beginnt man meistens mit dem Grundgerüst des zu erstellenden Objektes. Über die 3D-Objektbibliothek kann ein **Prim** gewählt werden und dient als Ausgangsbasis zur Modellierung. Max stellt das Objekt innerhalb der Szene CAD-klassisch in vier verschiedenen Perspektiven dar: in jeder der drei Achsen x, y und z sowie als 3D-Perspektive mit Fluchtpunkten und im Horizont. Dabei enthält die rudimentäre Arbeitsfläche noch keine Einstellungen bezüglich Licht oder Kameraperspektive. Hat das Objekt seine Form erhalten, erfolgt das Shading bei dem der Designer die Oberflächentextur bearbeitet und eventuell noch die Einstellungen der Lichtquellen, die der Szene noch mehr Raumgefühl und Authentizität verleihen. Wird nun eine Vorschau oder der Export in ein Bildformat gewünscht, erfolgt dies anhand des Renderings. Dies sind nur die grundlegenden Möglichkeiten und erfahren bei Max die größte Nutzung. Dank der Animationsfunktion ist natürlich auch die Herstellung Interaktiver Medien in Max ein großes Anwendungsfeld. Interessant bei Max sind auch die exportierbaren Formate. Hier lässt sich konstatieren, dass die Software so ziemlich alle Formate unterstützt, was auch auf die Machtstellung am Markt zurückzuführen ist. Folgende Formate lassen sich exportieren und sind für die Betrachtungsweise der Studie von Relevanz: 3D-Studio (3ds), Collada (dae), Wavefront Object (obj), VRML97 (wrl) sowie Autodesk FBX (fbx).[90]

2.3.2.3. Blender

Blender wurde 1998 veröffentlicht. Es hat stürmische Zeiten erlebt, weil die Gründer im Zuge des Dot-Com-Blase 2000/ 2001 bankrott gingen. Blender bot auch für gewerbliche Nutzer eine kostenlose Vollversion zur Erstellung und Bearbeitung von digitalen 3D-Objekten an und fand so schnell großen Zulauf. Dank einer Spendenaktion konnte der Quellcode der Software von einem der Gründer zurückgekauft und unter der General Public License der Öffentlichkeit zur Verfügung gestellt werden. Die dabei gegründete **Blender Foundation** sowie eine große **Community** haben zum Erhalt und zur Weiterentwicklung von Blender einen großen Beitrag geleistet. Blender wird heute in den Bereichen 3D-Modellierung, Web-Design und auch im Game-Design verstärkt eingesetzt. Zu den Funktionalitäten gehört bei Blender genau wie bei Max das Modellieren, Shading, Lichtdesign, Rendering, Animation und das Skripting.[91] Besonders erwähnenswert ist die integrierte **Gaming-Engine**, mit der sich z. B. Walk-throughs durch erstellte 3D-Welten auf Knopfdruck generieren lassen.[92] Skripting ist in Blender mit C, C++ und Python möglich. Was den Export angeht, so unterstützt Blender aus heutiger Sicht alle wichtigen Formate wie 3D-Studio (3ds), Collada (dae), Wavefront Object (obj), VRML97 und VRML 1.0 (wrl), Autodesk FBX (fbx) und zusätzlich auch Extensible 3D (x3d). Für viele Formate, die Blender nicht standardmäßig bereitstellt, existieren Skripte in der Community.

2.3.2.4. Google SketchUp

Eine Sonderstellung auf dem 3D-Modellierungs-Markt hat Google SketchUp. Es wird seit 1999 vom Unternehmen SketchUp, die mittlerweile von Google aufgekauft wurden, entwickelt.[93] Das Besondere daran: Die Software erzeugt mit Hilfe klassischer 2D-Zeichenwerkzeuge 3D-Modelle. Designer finden einen klassischen Workflow auf dem Weg zu digitalen Konstruktionsplänen in drei Dimensionen. Google SketchUp holt klassische Zeichenwerkzeuge in eine Arbeitsumgebung, die man aus 3D-Modelling-Tools kennt. So fertigt man Strichzeichnungen an, deren Einzelteile sich drehen, verschieben und

---

[90] Vgl. (Saint-Moulin, 2007), WWW
[91] Vgl. (Wartmann, 2007), S. 11 ff.
[92] Vorgehensweise zum Erstellen von 3D-Walk-Throughs nachzulesen bei (Höhl, 2009)
[93] Vgl. (Winfuture.de, 2007), WWW

skalieren lassen, nur eben auf drei statt nur auf zwei Achsen. Die so entstehenden Formen füllt SketchUp automatisch und erzeugt nach und nach komplette 3D-Gebilde. Über zahlreiche Menüs modifiziert man Schatten, Farben, Texturen, usw. Zudem lassen sich die einzelnen Linien der gezeichneten Gittermodelle jederzeit manipulieren. So bleibt die Spontaneität der Arbeit wie bei Illustrationsanwendungen erhalten, ohne dass erst eine hochkomplexe Arbeitsumgebung wie die eines typischen 3D-Modelling-Tools erlernt werden muss.[94] SketchUp ist Freeware und exportiert nur die Formate SKP als Eigenformat und KMZ für Google Earth. Die kostenpflichtige Variante **SketchUp Pro** exportiert zusätzlich die Formate DWG, DXF, 3DS, OBJ, XSI, VRML und FXB sowie die Videoformate QuickTime und AVI. Darüber hinaus lassen sich Modelle in beliebiger Auflösung drucken und exportieren (BPM, TIFF, PNG, JPG und PDF).[95] Letztendlich bleibt zu sagen, dass Google SketchUp ein gelungener Versuch ist, zwei Welten zusammenzubringen. Der Mix aus typischen 2D-Zeichenwerkzeugen für 3D-Modelle funktioniert einwandfrei. Abbildung 11 zeigt den KnowCube der Hochschule Heilbronn mit seiner Umgebung in SketchUp modelliert.

---

[94] Vgl. (Bechberger, 2006), WWW
[95] Vgl. (Google SketchUp, 2009), WWW

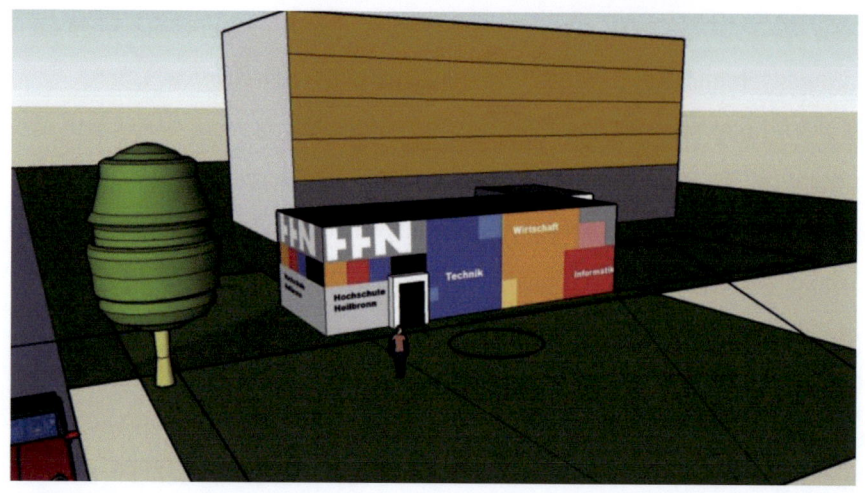

Abbildung 11: KnowCube und Umgebung mit Google SketchUp nachmodelliert (Quelle: Eigenproduktion)

2.3.3. Integration von 3D-Welten in existierende 3D-Plattformen

2.3.3.1. Übersicht

In diesem Abschnitt geht es um 3D-Grafikformate, die zur Integration von 3D-Welten in 3D-Plattformen geeignet sind, d. h. in die Plattformen über Schnittstellen importiert werden können. Grundsätzlich lassen sich Grafikformate in drei verschiedene Bereiche gliedern:[96] Formate, die für das **Computer Assisted Design** eingesetzt werden (kurz: CAD-Formate), Formate die zur **Erzeugung von digitalen Inhalten** eingesetzt werden (DCC-Formate) und **Web-3D-Content-Formate**. Der Schwerpunkt unserer Betrachtungen liegt auf Multimedia und Web-3D, weshalb nachfolgend nur DCC und Web-3D-Formate betrachtet werden. Im Bereich DCC scheint das mächtigste Format das **3D-Studio File Format** (.3ds) zu sein, das momentan am häufigsten eingesetzte das **Wavefront Object** (.obj) und das aktuellste das **Collada**-Format (.dae). Als Web-3D-spezifische Formate existieren das **Wrl**-Format der Virtual Reality Modeling Language (kurz: VRML) sowie das **x3d**-Format, welches jedoch auf Basis von VRML in eine XML-konforme Spezifikation vom Web-3D-Konsortium transferiert wurde[97]. Wie bereits beschrieben werden die meisten 3D-Objekte nicht direkt in der virtuellen Welt erstellt, sondern mit

---

[96] Vgl. (Blender.org, 2009), WWW
[97] Vgl. (Web 3D Consortium, 2009), WWW

Hilfe externer 3D-Grafikprogramme. Die Webplattformen bieten verschiedene Schnittstellen um diese Objekte zu importieren. Für diesen Import müssen die Objekte bestimmte Grafikformate aufweisen. Es gibt aber auch noch andere, rudimentäre Möglichkeiten Daten auf 3D-Plattformen einzubinden. Diese werden am Ende des Kapitels kurz erläutert.

2.3.3.2. VRML (.wrl)

Schlüter beschreibt VRML folgendermaßen: „Die **Virtual Reality Modeling Language (VRML)** ist ein Dateiformat für die Beschreibung von interaktiven 3D-Welten und – Objekten. Sie kann im Zusammenhang mit dem World Wide Web gebraucht werden oder auf lokaler Ebene, um dreidimensionale Repräsentationen von komplexen Szenerien zu erschaffen."[98] Somit ist VRML ein offener Standard für webbasierte Anwendungen im Bereich der Virtual Reality. Einfach gesagt enthalten VRML-Daten Koordinaten und Farbangaben der erzeugten Objekte. Außerdem werden die Daten im ASCII-Format gespeichert was die Editierbarkeit erleichtert. VRML simuliert neben Objekten auch dreidimensionale Szenen. Es ermöglicht die Verbindung dieser virtuellen Räume über das Web und macht sie Benutzern zugänglich. Nachfolgend werden die wichtigsten Merkmale von VRML dargestellt. Einzelne Elemente können miteinander **kombiniert** und wiederverwendet werden. Durch die **Erweiterbarkeit** in VRML lassen sich neue Objekttypen integrieren. Weiterhin lassen sich verschiedene Applikationen mittels **VRMLScript** einbinden. VRML ist **plattformunabhängig**. Die **Skalierbarkeit** von VRML bietet die Möglichkeit theoretisch unendlich große Kompositionen von 3D-Szenen zu erzeugen. VRML ist **hyperlinkfähig** im Web einsetzbar und bietet eine **Echtzeit-Interaktion**. VRML gilt als Standard zur Modellierung virtueller 3D-Welten. Eine VRML-Datei besteht aus einer Liste von Objekten, die hierarchisch angeordnet werden. Diese hierarchische Struktur bezeichnet man als **Szenegraphen**. Ein Objekt wird in VRML durch einen oder mehrere Knoten beschrieben. Folgende Knotentypen sind in VRML realisiert und selbsterklärend: Group, Transform, Anchor, Inline, Viewpoint, Background, DirectionalLight, SpotLight und PointLight. Auch **Animationen** sind mit den erzeugten Objekten möglich indem **Events** auf Knoten angewendet werden. Hier ein kleines Codebeispiel welches eine rote Kugel in VRML beschreibt:

---

[98] (Schlüter, 1998), S. 33

```
Transform{
 children[
   Shape{
     geometry Sphere{
        radius 2
     }
     appearance Appearance{
        material Material{
           diffuseColor 1 0 0
        }
     }
   }
 ]
}
```

Tabelle 9: Rote Kugel in VRML
(Quelle: (Krone, 2003), WWW)

2.3.3.3. X3D (.x3d)

Auf der Website des Web-3D-Konsortiums wird X3D wie folgt beschrieben:
"X3D is a **royalty-free open standards file format and run-time architecture** to represent and communicate 3D scenes and objects using XML. It is an ISO ratified standard that provides a system for the storage, retrieval and playback of real time graphics content embedded in applications, all within an open architecture to support a wide array of domains and user scenarios."[99]

Wie erkennbar ist, handelt es sich dabei um ein umfangreiches und vielseitiges Format für den Austausch von 3D-Objekten in virtuellen Welten. Es ist aus der Weiterentwicklung von **VRML97** unter Nutzung der **XML-Technologie** entstanden. Die **Szenegraphenstruktur** aus VRML wird in X3D mit hierarchisch angeordneten XML-Elementen abgebildet. Ziel der Entwicklung ist die Modellierung in Tools wie SketchUp, Max oder Blender zu unterstützen und die Objekte X3D-exportfähig zu machen. Somit können alle Vorteile von XML für den Austausch von 3D-Objekten, Avataren und ganzen 3D-Umgebungen nutzbar gemacht werden. X3D-Dokumente sind wohlgeformt, valide und verfügen über Namespaces. X3D ist natürlich auch plattformunabhängig. Es unterstützt alle typischen 3D- und 2D-Grafiken, CAD-Daten, Animationen, Audio und Video, User-Interaktion, Navigation durch Eingabegeräte, Skripting, Networking, uvm. Diese Eigenschaften halten die Eintrittsbarrieren bei der Implementierung von X3D sehr niedrig.

---

[99] (Web 3D Consortium, 2009), WWW

Eine Besonderheit von X3D ist der **Aufbau in Modulen**. Dabei besteht die Spezifikation aus fünf Profilen, die zur Darstellung der Komplexität einer Szene genutzt werden: **Core, Interchange, Interactive, Immersive** sowie **Full**. Trotz dieser positiven Eigenschaften findet X3D im Bereich von virtuellen Plattformen kaum Anwendung, was mit den Marktstellungen anderer Formate sowie der Mächtigkeit von XML-Formaten zusammenhängt. Einzig und allein Wonderland unterstützt X3D direkt, OpenSim ist gerade dabei eine X3D-Schnittstelle zu formulieren[100]. Hier ein Beispiel, welches in X3D eine rote Kugel beschreibt:

```
<Transform>
  <Shape>
    <Sphere radius="2"/>
     <Appearance>
        <Material diffuseColor="1 0 0"/>
     </Appearance>
  </Shape>
</Transform>
```

Tabelle 10: Rote Kugel in X3D
(Quelle: (Krone, 2003), WWW)

2.3.3.4. 3D-Studio File Format (.3ds)

Wie eingangs erwähnt ist das 3D-Studio File Format das bekannteste und am weitesten verbreitete 3D-Format, was hauptsächlich auf die Marktdominanz der Software 3ds Studio Max zurückzuführen ist. Es handelt sich dabei um ein DCC-Datenformat. Autodesk selbst macht ein großes Geheimnis darum. Trotzdem ist aus universitären Forschungsprojekten einiges zu erfahren.[101] So besteht 3ds aus einer Kombination von Bausteinen, in der Fachsprache **Chunks** genannt. Jedes Chunk ist eindeutig identifizierbar und speichert Informationen zu Meshes, Materialien, Kameraeinstellungen, Lichteinstellungen, Farben, usw. Chunks können auch hierarchisch untergeordnete **Sub-Chunks** haben. So entsteht eine baumartige Struktur. Der Hauptchunk („**Main-Chunk**"), der immer an der Wurzel des Baumes zu finden ist, hat den Identifier **0x4D4D**. Eine Chunk-Tree-Referenz zu allen Bestandteilen kann im Anhang eingesehen werden. Der generelle Aufbau einer Hierarchie könnte beispielsweise so aussehen:

---

[100] (Frisby, 2008), WWW
[101] Vgl. (Wilhelmy, 1997), WWW

0x4D4D
0x3D3D
0x4000
0x4100
0x4110
0x4120
0x4600
0x4700
0xAFFF

Tabelle 11: Chunk-Hierarchie
(Quelle: in Anlehnung an (Wilhelmy, 1997), WWW)

2.3.3.5. Wavefront Object (.obj)

Wavefront Object ist ein UNIX-basiertes **3D-Vektor-Dateiformat** der Software Wavefront Advanced Visualizer und wird zur Speicherung und für den Austausch von 3D-Daten genutzt. Dieses DCC-Format ist sehr weit verbreitet und wird von vielen 3D-Modellierungstools unterstützt. Es wird hauptsächlich für die Repräsentation von polygonen Daten genutzt und ist als Standard in der 3D-Industrie anerkannt. Die .obj-Dateien werden im ASCII-Format gespeichert. Das Format ermöglicht das Speichern von polygonalen Objekten, die durch Koordinatenpunkte, Kanten und Oberflächen repräsentiert werden sowie von frei geformten Objekten wie Kurven und konvexen oder konkaven Flächen.[102] Zu Beginn jeder Zeile leitet ein **Keyword** einen Ausdruck ein und wird gefolgt von den dazugehörigen Parametern, die die Achsenkoordinaten in Fließkommazahlen oder sonstige Eigenschaften angeben. Das nachfolgende Beispiel zeigt einen **Würfel mit Materialien** im .obj-Format. Die **Referenz** zu den dabei verwendeten Keywords kann im Anhang eingesehen werden.

---

[102] Vgl. (FileFormat.info, 1996), WWW

```
# This cube has a different material
# applied to each of its faces.
        mtllib master.mtl
        v       0.000000 2.000000 2.000000
        v       0.000000 0.000000 2.000000
        v       2.000000 0.000000 2.000000
        v       2.000000 2.000000 2.000000
        v       0.000000 2.000000 0.000000
        v       0.000000 0.000000 0.000000
        v       2.000000 0.000000 0.000000
        v       2.000000 2.000000 0.000000
        # 8 vertices
        g front
        usemtl red
        f 1 2 3 4
        g back
        usemtl blue
        f 8 7 6 5
        g right
        usemtl green
        f 4 3 7 8
        g top
        usemtl gold
        f 5 1 4 8
        g left
        usemtl orange
        f 5 6 2 1
        g bottom
        usemtl purple
        f 2 6 7 3
        # 6 elements
```

Tabelle 12: Würfel mit Materialien

(Quelle: in Anlehnung an (FileFormat.info, 1996), WWW)

2.3.3.6. Collaborative Design Activity (kurz: Collada) (.dae)

Die neueste Entwicklung im Bereich der DCC-Formate stellt Collada dar und wird von **Khronos**, einem Industriekonsortium für Medien, entwickelt. Khronos selbst beschreibt Collada wie folgt:

„COLLADA™ defines an **XML-based schema** to make it easy to transport 3D assets between applications - enabling diverse 3D authoring and content processing tools be combined into a production pipeline."[103]

---

[103] (Khronos, 2009), WWW

Collada wurde speziell für den Austausch von ganzen 3D-Szenen zwischen 3D-Grafik- und Animationsprogrammen entwickelt. Die intermediäre Sprache bietet eine umfassende Codierung visueller Szenen bezüglich Geometrie, Shading, Effekten, Physik, Animation, Kinematik, usw. Verwendet wird Collada heutzutage schon von Programmen wie 3ds Max, Maya, Softimage XSI und auch Blender. Twinity und Wonderland unterstützen ebenfalls dieses Format. OpenSim entwickelt derzeit eine Importschnittstelle für Collada.[104] Dank der Unterstützung und Entwicklung des Konsortiums, zu dem Größen wie AMD und Apple gehören, kann davon ausgegangen werden, dass Collada in Zukunft eine sehr große Rolle als Austauschformat spielen wird.

2.3.3.7. Andere Möglichkeiten der Integration in 3D-Plattformen

Weil sich Plattformen wie OpenSim oder realXtend noch in der Alpha-Phase befinden, soll in diesem Kapitel kurz erläutert werden, wie Daten ohne Importschnittstelle eingebunden werden können. Der direkte Serverimport bei **OpenSim** wird in zwei Schritten durchgeführt. Zunächst werden die Daten aufbereitet, indem man Texturen und Objekte skaliert oder konvertiert. Für diese Konvertierung stehen **Skripte** bereit. Anschließend muss eine passende XML-Speicherdatei mit dem **Asset Generator Script** erzeugt werden. Zur Einbindung der erzeugten Datei müssen nur noch die zwei Dateien **Inventar-library** und **AssetSet** editiert und mit einer Referenz auf die neue Datei ergänzt werden. Ein Neustart des OpenSim-Servers macht das Workaround komplett.[105]

Auch **Wonderland** glänzt momentan noch nicht mit guten Importschnittstellen. Um Inhalte zum Server hinzufügen zu können, gibt es einen Workaround über Blender in Kombination mit drei anderen Tools, der sehr umständlich ist. Darüber hinaus kann aber auch die Java-Bibliothek **Java3D** für den programmorientierten Import herangezogen werden. Beide Vorgehensweisen können bei (java.net, 2009) im Unterkapitel „**Extending the World**" nachgelesen werden.

---

[104] Vgl. (Frisby, 2008), WWW
[105] Vgl. (Opensimulator.org, 2009), WWW

3. Ausarbeitung eines Gesamtmodells für die Entwicklung virtueller 3D-Anwendungen

3.1. Anforderungen

Bevor das neue Vorgehensmodell entwickelt wird, ist es notwendig, Anforderungen an selbiges zu definieren. Im Folgenden werden diese formuliert.

- Zunächst soll das neue VM Unternehmen bei der Entwicklung und Implementierung von webbasierten 3D-Welten **auf einfache Weise unterstützen**.
- Des Weiteren sollen die betrachteten **Phasen** des Web Engineering und der Multimedia-Produktion abgedeckt sein. Bei dieser Betrachtung sollen die Phasen, bei denen die Möglichkeit einer Zusammenführung besteht auch zusammengeführt werden und somit ein neues **Phasenmodell** entwickelt werden.
- Besteht ein neues Phasenmodell, so soll darauf aufbauend untersucht werden, inwieweit die konkreten Vorgehensmodelle diese Phasen abdecken und bei Bedarf eingebunden werden könnten. Wenn passend, können Teile der konkreten Vorgehensmodelle im neuen Modell referenziert und **eingebunden** werden.
- Das neue Modell muss alle **Eigenschaften** von Web-, Multimedia- und 3D-Anwendungen abdecken, um Projektbeteiligten die Potenziale einer 3D-Web-Anwendung aufzeigen zu können.
- Außerdem soll das neue Vorgehensmodell mit einem einfachen Prozess-Werkzeug **modelliert** werden, um es bei Bedarf in die Prozesslandkarte eines Software-Entwicklungsunternehmens integrieren zu können.
- Schließlich soll das neue Vorgehensmodell nach den Beschreibungskriterien für Vorgehensmodelle nach Höhn **einordenbar** sein und alle Kriterien abdecken.

3.2. Entwicklung des neuen Modells (3DWebVM)

3.2.1. Betrachtung und Zusammenführung der Phasen des Web Engineering und der Multimedia-Produktion

Dieses Kapitel betrachtet die Phasen des Web Engineering (kurz: WE) und der Multimedia-Produktion (kurz: MP) um Gemeinsamkeiten und Unterschiede festzustellen sowie daraus eine neue Phasenkombination für das neue Modell (Phasenmodell) abzuleiten. Es soll auch betrachtet werden, ob wirklich alle Phasen und ihre Aufgaben für das neue Vorgehensmodell geeignet sind und ob davon welche weggelassen werden können.

Die Phasen des Web Engineering sind: Problemdefinition, Anforderungsanalyse, Spezifikation, Entwurf, Implementierung, Erprobung und Auslieferung. Die Phasen der Multimedia-Produktion sind: Vorphase, Rohkonzept, Preproduktion, Produktion, Postproduktion und Distribution.

3.2.1.1. WE: Problemdefinition und MP: Vorphase

Die Problemdefinition geschieht durch den Auftraggeber. Darin definiert er seine Anforderungen an die zu erstellende Software. Dazu wird ein Lastenheft angefertigt, welches die Anforderungen zwar grob definiert, aber den Entwicklern dennoch einen Spielraum zur Ausgestaltung lässt. Betrachtet man die Vorphase bei der MP, so findet man exakt dasselbe Vorgehen, allerdings bezüglich der verschiedenen möglichen Medienformen oder Formen der Visualisierung. Trotzdem ist das Briefing an die Agentur so gestaltet, dass ein gewisser Spielraum zur Interpretation und Ausgestaltung vorhanden ist. Die Kreativität soll somit zur Entfaltung gelangen. Somit wird festgestellt, dass sich beide Phasen in der Vorgehensweise sehr ähnlich sind und einen gemeinsamen Nenner aufweisen. Deshalb sollen sie zusammengefasst werden zu einer neuen Phase, genannt **Aufgabendefinition**. D. h. wenn eine Software entwickelt werden soll, die multimediale Inhalte aufweist und 3D-Web-fähig sein soll, so muss der Aspekt der Visualisierung bereits bei der Problemdefinition berücksichtigt, aber noch nicht festgelegt werden. Die Anforderungen an die Software selbst betreffen weiterhin Funktion, Qualität, System und den Entwicklungsprozess. Die nachfolgende Abbildung 12 visualisiert die Zusammenführung.

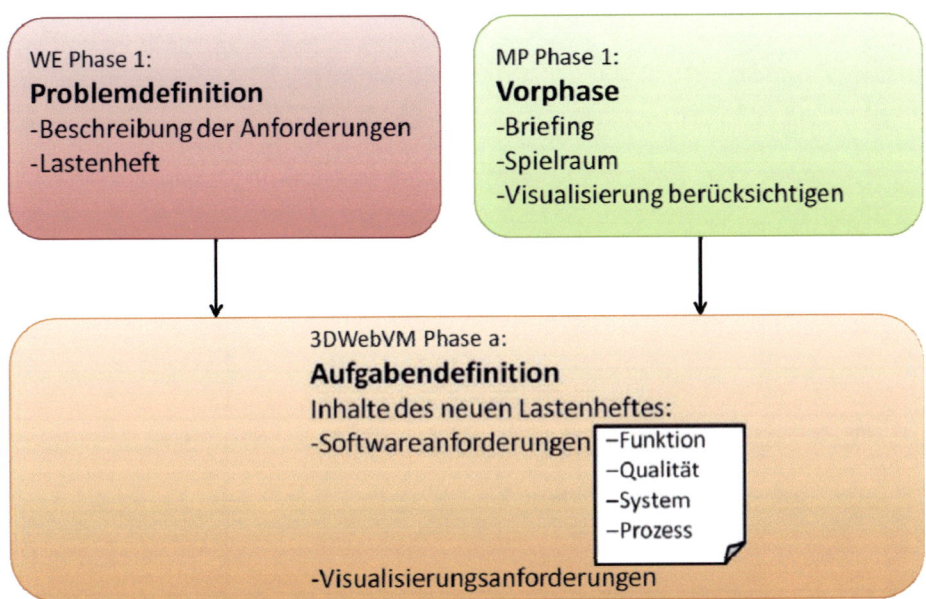

Abbildung 12: Entwicklung der Phase a Aufgabendefinition
(Quelle: Eigenentwicklung)

3.2.1.2. WE: Anforderungsanalyse und MP: Rohkonzept

Die Analyse der Anforderungen geschieht hinsichtlich Vollständigkeit, Sachgerechtigkeit, Konsistenz, Machbarkeit, usw. D. h. die gestellten Anforderungen werden überprüft und zwar am Besten im Zuge eines Anforderungsmanagements, das während des ganzen Projektes läuft. Das Rohkonzept als zweite Phase der MP hingegen geht schon über die Analyse hinweg und sollte daher eher im Zusammenhang mit Spezifikation und Entwurf betrachtet werden. Allerdings ist es sinnvoll, die vorgeschlagenen Visualisierungsformen aus Phase a Aufgabendefinition in die Anforderungsanalyse einfließen zu lassen und sie zu erweitern. Daraus entsteht somit die 3DWebVM Phase b: **Anforderungsanalyse Software & Medien**. Zieht man an dieser Stelle das Visualisierungsmodell nach Höhl[106] zu Rate, wird klar, welche Visualisierungsformen für das 3DWebVM in Frage kommen, die einer Analyse bedürfen: Web Design selbst (dieses ist durch die Softwareentwicklung abgedeckt), 3D-Modelle, Game Design sowie Augmented Reality (siehe Abbildung 13).

---

[106] Vgl. (Höhl, 2009), S. 33

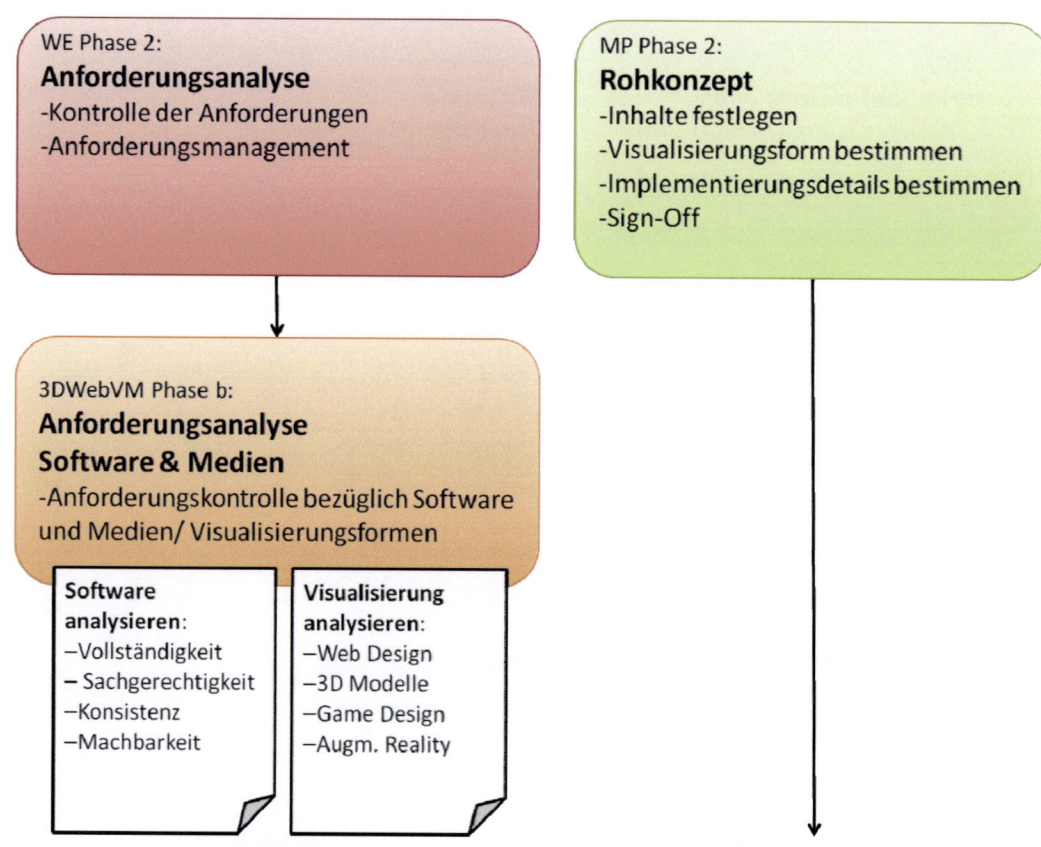

Abbildung 13: Entwicklung der Phase b Anforderungsanalyse Software & Medien (Quelle: Eigenentwicklung)

3.2.1.3. WE: Spezifikation und MP: Rohkonzept

Die Spezifikation beschreibt die funktionalen Anforderungen in einem **Modell**, welches angemessen und interpretierbar ist. In dieser Phase wird auch das **Pflichtenheft** erstellt, welches genau definiert, wie die Aufgaben aus dem Lastenheft gelöst werden sollen. In der Phase der Rohkonzeptionierung der MP werden die **Inhalte** der Medien/ Visualisierungsformen festgelegt (das Was?) sowie die Medien und **Visualisierungsformen** selbst (das Wie?). Auch Implementations-Details werden bestimmt (ein weiteres Wie?). Schließlich wird alles im **Sign-Off** dokumentiert. Da hier von Spezifikation und Rohkonzept konkrete Lösungswege definiert und abschließend für den Kunden dokumentiert werden, macht es Sinn diese Phasen entweder zu parallelisieren oder zu verzahnen. Natürlich haben die Lösungswege unterschiedliche Schwerpunkte. Das soll bei der Zusammenführung beachtet werden. Somit wird die Phase c des 3DWebVM festgelegt. Sie trägt den Namen **FIV-Spezifikation** (siehe Abbildung 14). FIV setzt sich dabei aus den Anfangsbuchstaben der drei Hauptkomponenten der neuen Spezifikation, nämlich **Funktion formulieren**, **Inhalte der Visualisierung festlegen** und **Visualisierungsform festlegen**, zusammen. Das Pflichtenheft soll dabei um die Bestandteile der Sign-Off-Dokumentation wie Inhalte, Visualisierung, Storyline, Copyrights, usw., erweitert werden.

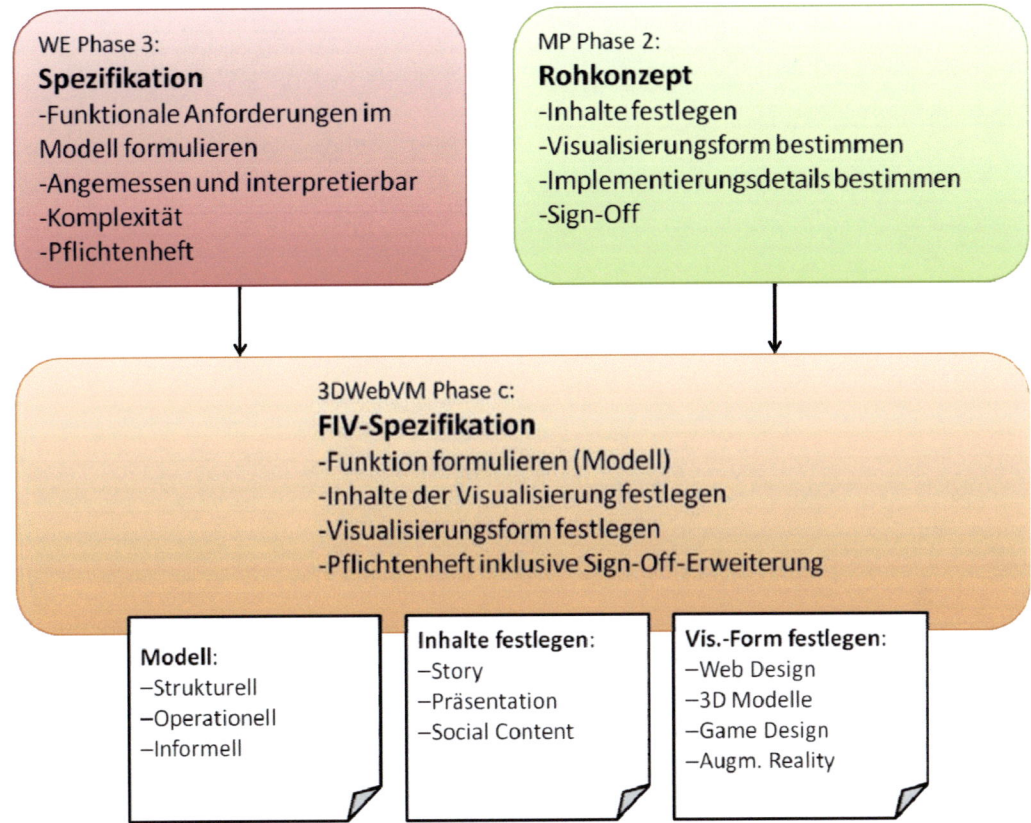

Abbildung 14: Entwicklung der Phase c FIV-Spezifikation
(Quelle: Eigenentwicklung)

3.2.1.4. WE: Entwurf und Implementierung sowie MP: Preproduktion, Produktion und Postproduktion

Diese fünf Phasen des WE und der MP sollen nach ausführlicher Betrachtung nicht miteinander kombiniert werden. Es macht eher Sinn sie einfach zu parallelisieren. Gründe dafür sind der eindeutige Fokus jeder Phase, die Arbeitsschritte jeder Phase sowie keine Gemeinsamkeiten von WE und MP in diesen Phasen. Grundsätzlich liegt der Fokus bei WE hier auf der **Architektur** und der Umsetzung der Software, bei der MP bei der

Ausarbeitung der medialen **Inhalte**. Wichtig ist jedoch darüber hinaus eine separate Betrachtung der **Kommunikation** zwischen Web-Applikation und 3D-Applikation und der damit verbundenen Architekturen von Webserver und 3D-Server. Deswegen wird für das neue 3DWebVM der Unterpunkt des Entwurfs differenziert in **Web-Architektur und 3D-Architektur.** Die Überführung der Phasen wird in der nachfolgenden Abbildung 15 grafisch dargestellt. Im Kapitel über die Einbindung konkreter Vorgehensmodelle in das neue VM werden die Implementierung sowie die drei MP-Phasen nochmals im Zusammenhang mit dem VM nach Höhl hinsichtlich spezieller Anpassungen einer 3D-Visualisierung begutachtet.

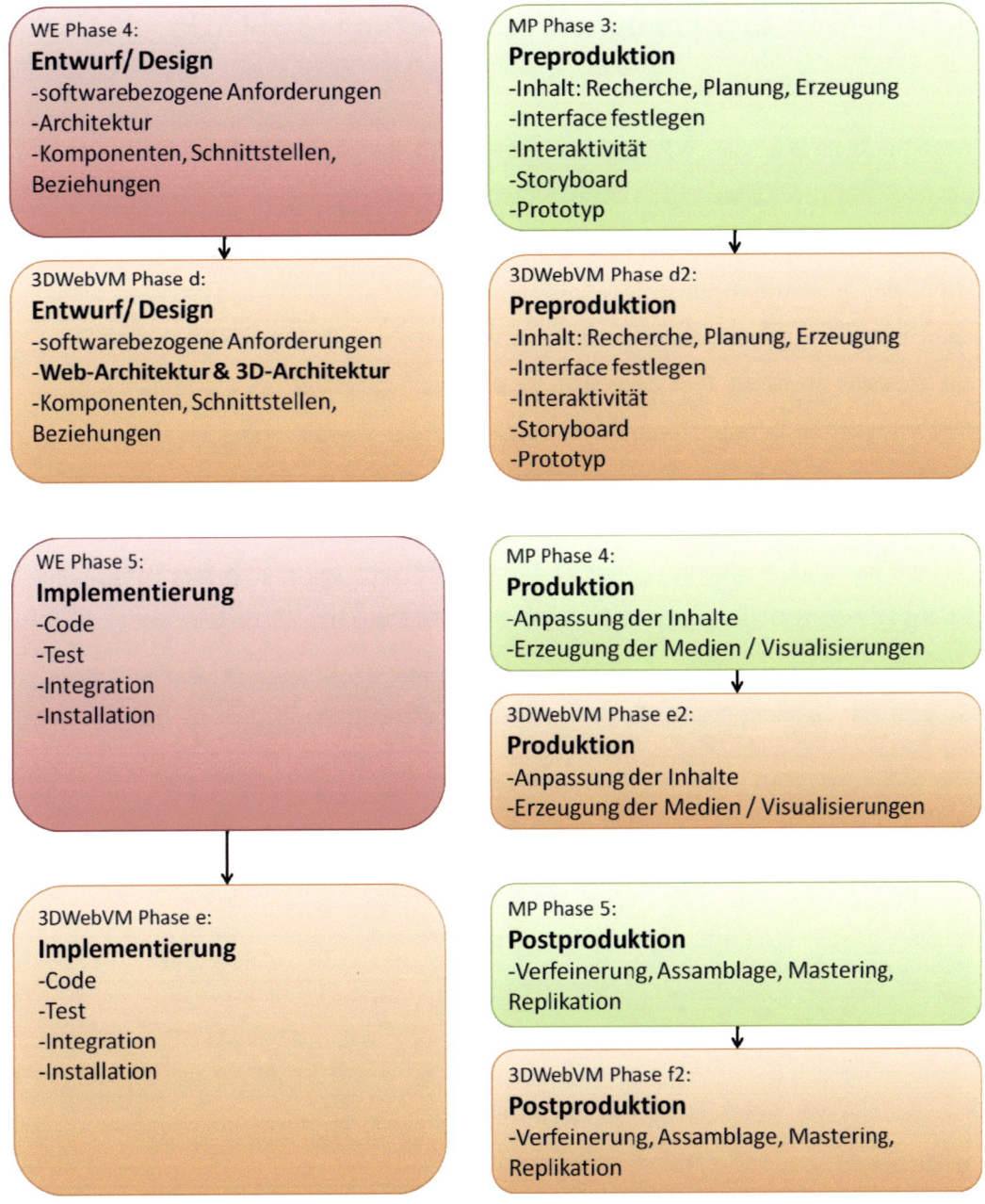

Abbildung 15: Entwicklung der Phasen Entwurf, Implementierung, Preproduktion, Produktion und Postproduktion

(Quelle: Eigenentwicklung)

3.2.1.5. WE: Erprobung und Auslieferung sowie MP: Distribution

Auch die letzte Phase des WE „Erprobung und Auslieferung" bedarf keinerlei phasenbezogenen Anpassung an dieser Stelle und wird in das neue VM übernommen, da weiterhin eine Erprobung hinsichtlich der **Validität** auf Akzeptanzkriterien durchgeführt wird. Die **Distributionsphase** der Medienproduktion bleibt dem Grunde nach erhalten, kann jedoch deutlich eingeschränkt werden. Wurden bisher Bereitstellung, Ausstrahlung, ein Vertriebs- sowie ein Providersystem für die Medien herangezogen, sind für das neue VM nur noch die **Bereitstellung** der Medien für die 3D-Visualisierung und ein Providersystem nötig. Das **Providersystem** wird bereits bei der Entwicklung des WE durch verschiedene Aspekte wie Architektur, Schnittstellen oder Installation in den Phasen Entwurf und Implementierung entwickelt und bedarf daher keiner separaten Betrachtung bei der Distribution. Da letztendlich nur die **Bereitstellung der Medien** bei der Distribution übrig geblieben ist, kann sie in die neue Phase des 3DWebVM als Arbeitspaket übernommen werden, wie Abbildung 16 zeigt.

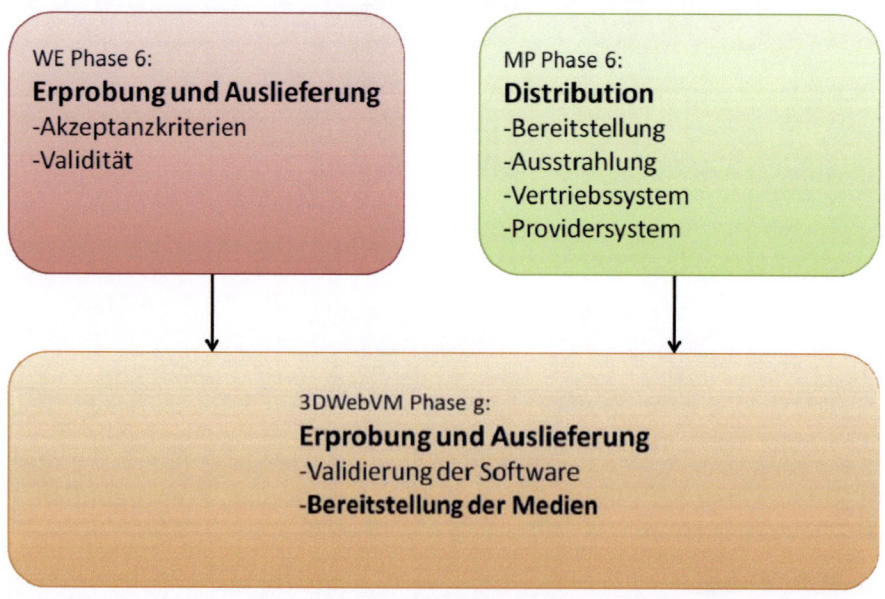

Abbildung 16: Entwicklung der Phase g Erprobung und Auslieferung (Quelle: Eigenentwicklung)

3.2.1.6. Zusammenfassung aller Phasen im Phasenmodell des 3DWebVM

Nachfolgend zeigt Abbildung 17 eine Übersicht aller neuen Phasen, wodurch eine Art Grundgerüst des 3DWebVM ersichtlich wird: das 3DWebVM-Phasenmodell.

Abbildung 17: Das Phasenmodell liefert das Grundgerüst des 3DWebVM
(Quelle: Eigenentwicklung)

3.2.2. Betrachtung der konkreten WE- und MP-Modelle hinsichtlich des 3DWebVM

Auf dem Phasenmodell aufbauend wird untersucht, inwieweit die konkreten Vorgehensmodelle diese Phasen abdecken und bei Bedarf eingebunden werden können.

Wenn passend, werden dabei Teile der konkreten Modelle in das neue Modell eingebunden.

3.2.2.1. UML Methode

Diese Methode lässt sich in vollem Umfang bei dem 3DWebWM in den Phasen FIV-Spezifikation, Entwurf und Implementierung mit den bekannten Diagrammtypen nutzen. Darüber hinaus ließe sich auch ein Web-orientierter Ansatz wie **UWE** bestens integrieren und dessen Notationserweiterung zu Inhalt, Navigation, Prozessen und Präsentation für eine Modellierung der 3D-Web-Anwendung nutzen. Weiter ist auch eine Erweiterung der Notation von UWE hinsichtlich der Aspekte 3D-Architektur, 3D-Visualisierungsformen und 3D-Visualisierungsinhalte denkbar und auch relativ leicht in Form eines Forschungsprojektes umsetzbar (siehe Abbildung 18).

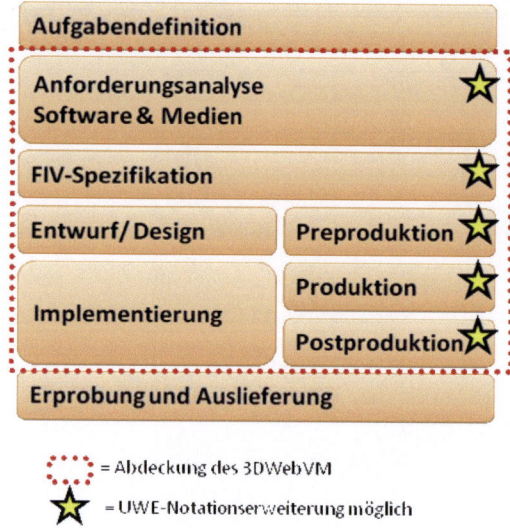

Abbildung 18: 3DWebVM Phasenabdeckung durch die UML Methode (Quelle: Eigenentwicklung)

3.2.2.2. Agile Softwareentwicklung

Diese Entwicklungsmethodik ist der Agilität bei Web-Anwendungsprojekten geschuldet und hat daher ihren Schwerpunkt auf dem Management des Projektes unter Beachtung bestimmter Kernregeln, weshalb sie auf den ersten Blick für alle Phasen des 3DWebVM nutzbar ist. Bei genauer Betrachtung wird allerdings klar, dass die Phasen Preproduktion, Produktion und Postproduktion nur bedingt der Regelung nach **inkrementeller**

Entwicklung gerecht werden können, weil sie aus Kostengründen üblicherweise nicht wiederkehrend durchlaufen werden (siehe Abbildung 19).

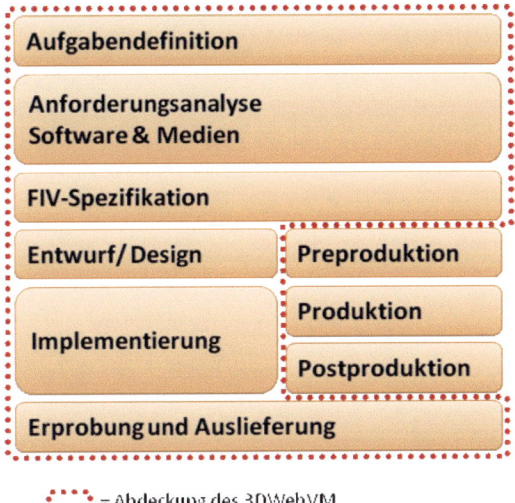

Abbildung 19: 3DWebVM Phasenabdeckung durch agile Methoden
(Quelle: Eigenentwicklung)

3.2.2.3. Modellgetriebene Webentwicklung

Diese Entwicklungsmethodik stellt eine Prozessautomatisierung der objektorientierten modellgetriebenen 3D-Web-Anwendungsentwicklung dar und ist daher in vollem Umfang bei dem neuen VM realisierbar. Wie bei UWE bereits gesehen, existiert eine ATL-Transformationskette, die den automatisierten Entwicklungsprozess ermöglicht. D. h. würde man wie vorgeschlagen die UWE-Notation auf die Aspekte des 3DWebVM erweitern, so ließe sich sicherlich auch die Transformationskette hinsichtlich dieser Aspekte ausbauen (siehe Abbildung 20).

Abbildung 20: 3DWebVM Phasenabdeckung durch modellgetriebene Entwicklung (Quelle: Eigenentwicklung)

3.2.2.4. Multimediaentwicklung nach Sawhney

Diese Entwicklungsmethode weist mit dem neuen Modell nur eine Gemeinsamkeit auf: Der **parallelisierte Phasendurchlauf** von Entwurf und Implementierung einerseits und der Preproduktion, Produktion sowie Postproduktion andererseits. Die Medienherstellung an sich stellt in diesem Modell leider nur einen Prozessschritt dar, der in den normalen SE-Prozess integriert wird. Es ist daher nur bedingt zur Integration in das 3DWebVM geeignet, zeigt jedoch gleichzeitig, dass das neue Modell durch die Parallelisierung auf dem richtigen Weg ist (siehe Abbildung 21).

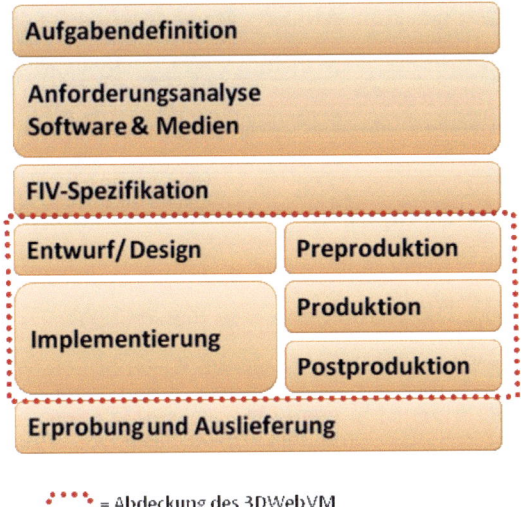

Abbildung 21: 3DWebVM Phasenabdeckung durch das Modell nach Sawhney (Quelle: Eigenentwicklung)

3.2.2.5. 3D-Visualisierung nach Höhl

Wie bereits beschrieben, richtet das Modell nach Höhl sein Augenmerk auf die Implementierung und Produktion von 3D-Inhalten durch verschiedene Visualisierungsformen (siehe Abbildung 22).

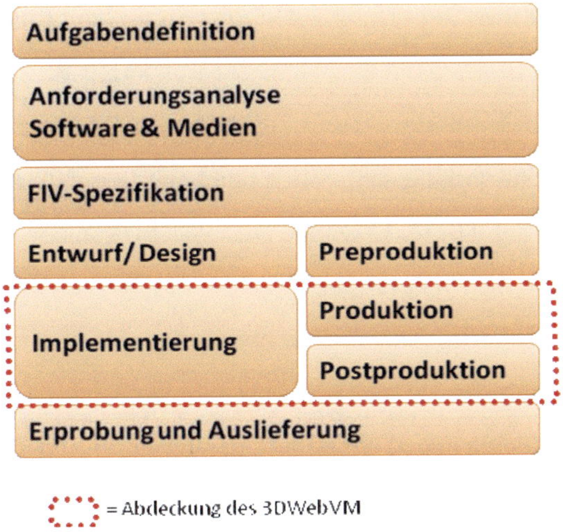

Abbildung 22: 3DWebVM Phasenabdeckung durch das Modell nach Höhl (Quelle: Eigenentwicklung)

Deshalb soll nun untersucht werden, ob die Phasen des Höhl-Modells in die drei Phasen **Implementierung**, **Produktion** und **Postproduktion** des neuen Modells integriert werden können. Eine mögliche Integration würde eine große Arbeitserleichterung bedeuten, da sie konkrete Lösungswege aufzeigt.

Folgende Tätigkeiten werden bei Höhls Workflow durchgeführt: installieren und kompilieren der Programme, Desktop Publishing, 3D-Modellerstellung, Texturierung, Lightning, Animation, Rendering und Composing. Die **Installation und Kompilierung** der Programme, die zur 3D-Visualisierung nötig sind, können einfach zur Installationsaufgabe der Implementierung des 3DWebVM hinzugefügt werden. Das **Desktop Publishing** beinhaltet die Bildbearbeitung und die Erstellung von Texturen, was eine klassische Aufgabe der Produktion ist, da diese die Medien erzeugt. Deshalb kann das Desktop Publishing als Arbeitspaket in die Produktion einfließen. Dasselbe gilt für das Arbeitspaket der **3D-Modellerstellung**. Es wandert in die Produktionsphase. Die **Texturierung**, bei der die Oberfläche des 3D-Modells gestaltet und die Textur eingefügt wird, sowie das **Lightning**, bei dem Beleuchtung, Licht und Kameraeinstellungen vorgenommen werden, sind ebenfalls der Produktionsphase für Medien zuzuordnen und werden deshalb als weitere Arbeitspakete übernommen. Bei der **Animation** werden Bewegungsabläufe festgelegt. Dies kann werkzeugbasiert oder durch die Programmierung eines Skriptes erfolgen. Deshalb wird dieses Arbeitspaket sowohl in die Implementierung als auch in die Produktion übernommen. Das **Rendering** erfolgt meist durch eine Funktion in einem 3D-Tool oder durch eine 3D-Engine. Für das 3DWebVM ist das Rendering an sich keine Aufgabe, da es von der Game-Engine übernommen wird, die auf dem 3D-Client oder 3D-Server bereits implementiert ist. Das **Composing** schließlich beinhaltet Aufgaben wie Level Design, Mischen, Schnitt und Mastering. Diese Aufgaben sind klassisch in der Postproduktion anzusiedeln und werden somit in die Postproduktionsphase des 3DWebVM übernommen. Die nachfolgende Abbildung 23 fasst die Änderungen zusammen. Da dies der letzte Arbeitsschritt zur Anpassung der Phasen des 3DWebVM-Phasenmodells ist, befindet sich im Anhang (Abbildung 63) eine ausführliche Darstellung dessen.

3DWebVM Phase e:
Implementierung
-Code
-Test
-Integration
- Installation
-**Installation der 3D-Vis. Programme**
-**Animationen programmieren**

3DWebVM Phase e2:
Produktion
-Anpassung der Inhalte
-Erzeugung der Medien / Visualisierungen
-**Bildbearbeitung / Texturerstellung**
-**3D-Modellerstellung**
-**Oberflächengestaltung/ Texturierung**
-**Beleuchtung/ Licht/ Kamera**
-**Animation erstellen**

3DWebVM Phase f2:
Postproduktion
-Verfeinerung, Assamblage, **Mastering**
-**Level Design, Mischen, Schnitt**

Abbildung 23: Erweiterung des 3DWebVM nach Höhl
(Quelle: Eigenentwicklung)

3.2.3. Abdeckung der Eigenschaften von Web-, Multimedia- und 3D-Anwendungen

Im Stand des Wissens wurden im Zuge der Phasenbetrachtung von Vorgehensmodellen die Eigenschaften von **Webanwendungen** sowie von **multimedialen Anwendungen** dargestellt. Diese gelten in vollem Umfang auch für das 3DWebVM, weil dieses Vorgehensmodell unter Annahme dieser Eigenschaften entwickelt wurde. Was noch fehlt, um der Anforderung nach Abdeckung der Eigenschaften von **multimedialen 3D-Webanwendungen** gerecht zu werden, sind deshalb Eigenschaften von **3D-Anwendungen**. Dieses Kapitel soll diese Eigenschaften ermitteln und damit den dritten großen Bereich von multimedialen 3D-Webanwendungen vervollständigen.

In Anlehnung an die Darstellung von Wittkopp[107] lassen sich folgende virtuelle 3D-Anwendungsgebiete klassifizieren:

3D-Spiele:

Durch die dritte Dimension wird eine starke Immersion in das Spielgeschehen ermöglicht, indem eine realitätsnahe Empfindung der 3D-Objekte suggeriert wird. Klassiker in diesem Bereich sind **Ego-Shooter** wie Counter-Strike oder Max Payne, aber auch **Real-Life-Simulationen** wie das meistverkaufte Spiel aller Zeiten: „Die Sims". Neben der starken

---
[107] Vgl. (Wittkopp, 2008), WWW, S. 3 ff.

Immersion ist auch der **Avatar** typisch für 3D-Spiele, der das virtuelle Ich des Spielers repräsentiert.

Virtuelle Welten/ Serious-Games:

Damit sind ernsthafte Szenarien in dreidimensionalen Umgebungen gemeint. Auch hier wird durch das Hinzufügen der dritten Dimension die Realität nachempfunden, um somit realitätsnahes Tätigwerden zu unterstützen. Die bekannteste virtuelle Welt im Bereich des Serious Gaming ist Second Life. Weil Second Life jedoch nur eine Plattform darstellt, bei der es kein Spielziel gibt, wird sie selbstverständlich zur Entwicklung von Spielszenarien und ernsthaften Szenarien eingesetzt. Auch in dieser Klasse sind Avatare im Einsatz.

3D-Engineering:

Diese Anwendungsklasse hat das **Modellieren von Produkten** als Hauptanwendungsgebiet. Hier wird die dritte Dimension bei der Vorbereitung zur Produktion in Form von CAD eingesetzt, aber auch um zeit- und kostenintensives Testen an realen Objekten durch zeit- und kostensparendes Testen an virtuellen Objekten in Form einer Simulation zu ersetzen. Weitere Einsatzgebiete virtueller Produkte sind in der **Produktkonfiguration** und im **Marketing** zu sehen. Bei der Konfiguration von Produkten wird damit dem Wunsch nach individuellen Lösungen entgegengekommen. Im Marketing werden reale Objekte durch virtuelle Objekte ersetzt, was sich vor allem in innovativen Marketing-Lösungen sowie in Zeit- und Kostenersparnis äußert.

3D-Architektur:

Wie beim Workflow von Wolfgang Höhl[108] gesehen, lassen sich die erstellten virtuellen 3D-Architekturmodelle in einem ganzen Workflow für Präsentationstechniken verwenden, letztendlich um damit verschiedene Präsentationsmedien wie Filme, Printmedien, Websites, Walk-Throughs oder Echtzeitvisualisierungen in Form von Augmented Reality zu erstellen. Auf diesem Gebiet hilft die dritte Dimension demnach vor allem bei der **Präsentation** und der **Visualisierung**.

Fasst man die Ausprägungen aller dieser Anwendungsgebiete zusammen, lassen sich folgende Eigenschaften von virtuellen 3D-Anwendungen definieren:

- **Anwendung**: Anwendungsgebiete von 3D sind zum einen die **virtuelle Realität**, bei der die tatsächliche Realität computergestützt simuliert wird, zum anderen die **Werkzeugunterstützung** zur Konstruktion von 3D-Objekten.

---

[108] Vgl. (Höhl, 2009), S. 32 ff.

- **Interaktion**: In einer 3D-Umgebung können Aktionen und Interaktionen **parallel** ablaufen. Somit ist auch **Multitasking** möglich. Avatare lassen sich zudem aktiv **navigieren**, virtuelle 3D-Objekte aktiv **manipulieren**.
- **Immersion**: Der Grad des Eintauchens in die virtuelle Realität ist bei 3D-Anwendungen zum einen durch die Eigenschaft der Räumlichkeit und Perspektive, zum anderen durch die Fesselung der Anwendung als **hoch** bzw. **sehr hoch** einzustufen. Dies ist zugleich die höchste Stufe der Evolution des Internet. Der Vergleich beruht auf der Evolution des Internet nach Wittkopp.[109] Dabei bilden die mittlere Immersionsstufe die typischen Web 2.0-Anwendungen wie Wikipedia, Facebook oder Twitter, bei denen vorrangig die soziale Komponente der **Verbundenheit** durch Netzwerke im Vordergrund steht. Die erste und geringste Stufe der Immersion erreichen typische Web 1.0-Anwendungen, bei denen der **User** im Vordergrund steht, der durch das Web surft, Suchmaschinen benutzt, E-Mails schreibt, chattet oder in Foren diskutiert.
- **Wahrnehmung**: Diese ist **räumlich** und **perspektivisch**. Sie entspricht der tatsächlichen Wahrnehmung der Individuen aus der realen Welt. Typische Kennzeichen einer räumlichen und perspektivischen Wahrnehmung sind die **Größe** von Objekten im Vorder- und im Hintergrund, die **Lichtverhältnisse**, die **Konturschärfe** sowie ein **Horizont**. Objekte, die im Vordergrund zu sehen sind, sehen größer aus als dieselben Objekte im Hintergrund und können diese überlagern. Objekte im Vordergrund sind konturscharf und farbrealistisch, während bei Objekten im Hintergrund Konturen unscharf werden und die Farbe aufhellt und diffus wird. Im Horizont laufen parallele Linien perspektivisch zusammen und bilden in der Realität so die Begrenzungslinie zwischen Himmel und Erde.[110]
- **Physikalische Eigenschaften**: Diese können je nach Ziel der Simulation **realistisch** oder **unrealistisch** ausfallen. Werden z. B. in der Automobilbranche Auffahrunfälle simuliert, sind realistische Werte von höchster Bedeutung. Nimmt man hingegen ein Second Life-Szenario zur Hand, bei dem es darum geht schnell von einem Gebäude zum Nachbargebäude zu gelangen, so kann der Avatar den Flug-Modus aktivieren und somit die physikalischen Eigenschaften aus der Realität überwinden.
- **Simulationsgegenstand**: Simuliert werden:

---

[109] Vgl. (Wittkopp, 2008), WWW, S. 2
[110] Vgl. (Deutsches Wortschatz-Lexikon, 2006), WWW

- **Objekte** (z. B. Bauteile eines Produktes)
- **Räumlichkeiten** (z. B. Gebäude in der Architektur)
- **Szenarien** (z. B. Fahrsimulation)
- **3D-Welten** (auf proprietären Plattformen wie Second Life oder auf öffentlichen Plattformen, auf denen jeder kostenlos sein eigenes Stück Land bebauen kann wie OSGrid.[111])

Abbildung 24 fasst die benannten Eigenschaften von 3D-Anwendungen nochmals grafisch zusammen.

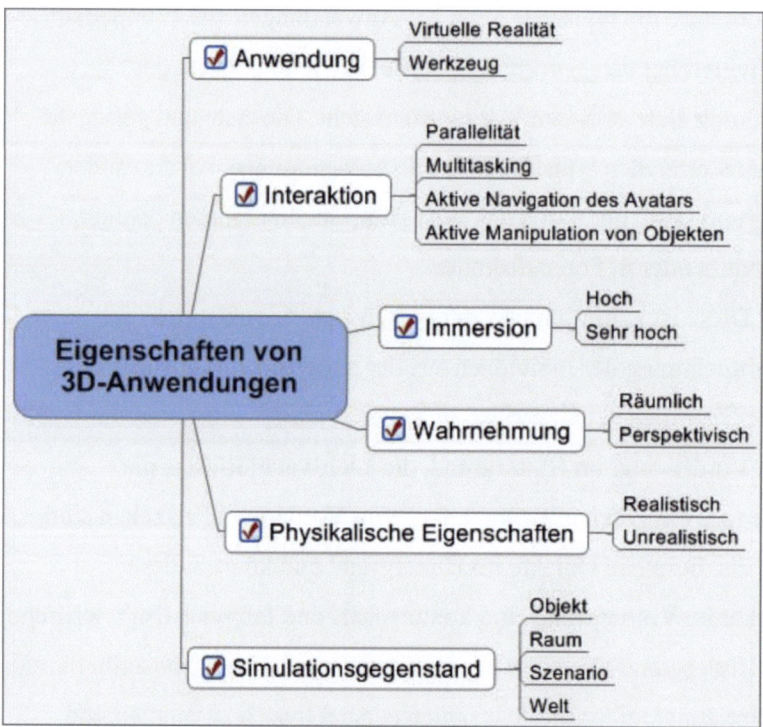

Abbildung 24: Eigenschaften von 3D-Anwendungen
(Quelle: Eigene Darstellung)

---
[111] Vgl. (OSGrid Inc., 2009), WWW

3.2.4. Modellierung des 3DWebVM als Prozess

3.2.4.1. Auswahl eines Modellierungswerkzeugs und der passenden Notation

Bevor mit der Modellierung von Geschäftsprozessen (kurz: GP) begonnen werden kann, sollte zunächst evaluiert werden, welche Notation und Modellierungswerkzeuge genutzt werden sollten. Da noch kein Standard bei der Notation von Geschäftsprozessen existiert, verwenden verschiedene Tools auch unterschiedliche Notationen, weshalb ein passendes Notationswerkzeug ausgewählt werden soll. Nach Allweyer[112] existieren folgende Kategorien von Modellierungswerkzeugen:

- Grafikorientierte Modellierungswerkzeuge
- Allgemeine Geschäftsprozessmodellierungswerkzeuge
- Zweckgebundene Modellierungswerkzeuge

Die **grafikorientierten Tools** haben die reine Visualisierung von Abläufen oder anderen Modellen im Fokus. Dabei sind sie normalen Grafiktools sehr ähnlich, bieten aber spezielle Funktionen an, die die Erstellung von verschiedenen Diagrammtypen unterstützen. So enthalten sie Symbolbibliotheken für verschiedene Notationen. Ein Beispiel für solch ein grafikorientiertes Tool ist **Visio** von Microsoft. Hingegen bieten die **allgemeinen Geschäftsprozessmodellierungswerkzeuge** eine größere Unterstützung bei Modellierung, Analyse, Simulation und Weiterentwicklung von Geschäftsprozessen im Unternehmen. Sie arbeiten datenbankgestützt und bieten eine Vielzahl von Modelltypen für Analyse und Simulation. **ARIS** oder **ADONIS** sind typische Werkzeuge dieser Kategorie.

Zweckgebundene Werkzeuge sind bei der Modellierung und damit auch bei der Notation abhängig vom Tool selbst. Bekannt ist dabei im Bereich der Geschäftsprozessmodellierung **MQ-Workflow** von IBM, welches nur zur reinen Vorbereitung der Workflow-Umsetzung dient.

Um der Anforderung der **Einfachheit** an das 3DWebVM gerecht zu werden, ist es sinnvoll ein grafikorientiertes Tool wie **Visio** einzusetzen, denn eine grafische Darstellung ist vollkommen ausreichend, um ein Verständnis für den Ablauf des Vorgehensmodells zu bekommen.

Visio bietet für die Modellierung von Geschäftsprozessen den Diagrammtyp „**event-driven process chain**" (kurz: **EPC**) an. Damit ist die Modellierung der

---
[112] Vgl. (Allweyer, 2005), S. 209 ff.

ereignisgesteuerten Prozessketten (kurz: **EPK**) gemeint. Diese ist nach Expertenmeinung[113] zur grafischen Modellierung von Geschäftsprozessen bei Entscheidern sehr gefragt. Somit erfolgt die Notation des neuen Modells in EPK.

3.2.4.2. Aufteilung der Hauptprozesse in EPK-Prozesswegweiser

Sinn der Modellierung des 3DWebVM als Prozess ist die Integration dessen in die Prozesslandkarte eines Softwareentwicklungsunternehmens. Deshalb sind die Prozesse exakt für diese Unternehmensklasse und deren Sichtweise der Entwicklung modelliert. Dabei fließt der Prozess unter der Bezeichnung **„Webbasierte 3D-Welten systematisch erzeugen"** in die Prozesslandkarte ein. Dieser Prozess verweist zunächst einmal auf eine Übersicht aller Hauptprozesse des 3DWebVM, die in EPK-Notation als Prozesswegweiser modelliert werden. Diese Übersicht ist in der nachfolgenden Abbildung 25 als EPK dargestellt.

---

[113] Vgl. (Kopp, 2005), WWW, S. 5

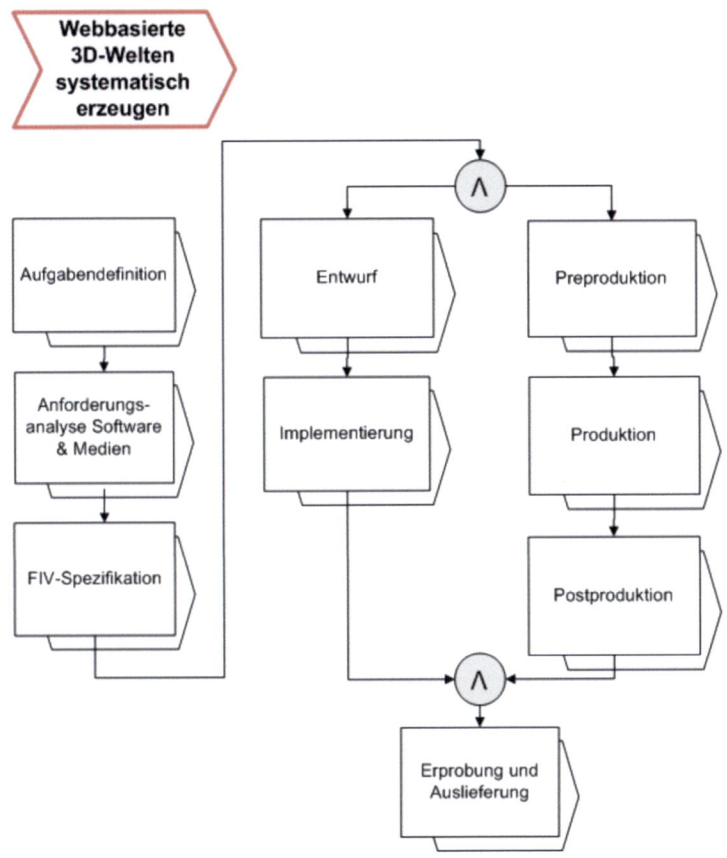

Abbildung 25: Prozesswegweiser des GP „Webbasierte 3D-Welten erzeugen"
(Quelle: Eigene Darstellung in Visio)

3.2.4.3. Eingrenzung der zu modellierenden Hauptprozesse

Aus Sicht des Unternehmens, welches die Software entwickelt und produziert, macht es wenig Sinn die Aufgabendefinition als Prozess zu integrieren, da diese durch den Kunden stattfindet. Deshalb wird dieser Hauptprozess aus dem GP „Webbasierte 3D-Welten systematisch erzeugen" entfernt und der Hauptprozess der Anforderungsanalyse beginnt mit dem Ereignis **„Pflichtenheft geht ein"**.

Weiter sollen nur die wichtigsten Aufgaben des 3DWebVM modelliert werden, um den Charakter einer übersichtlichen Visualisierung für Entscheider zu wahren.

3.2.4.4. Anforderungsanalyse Software & Medien

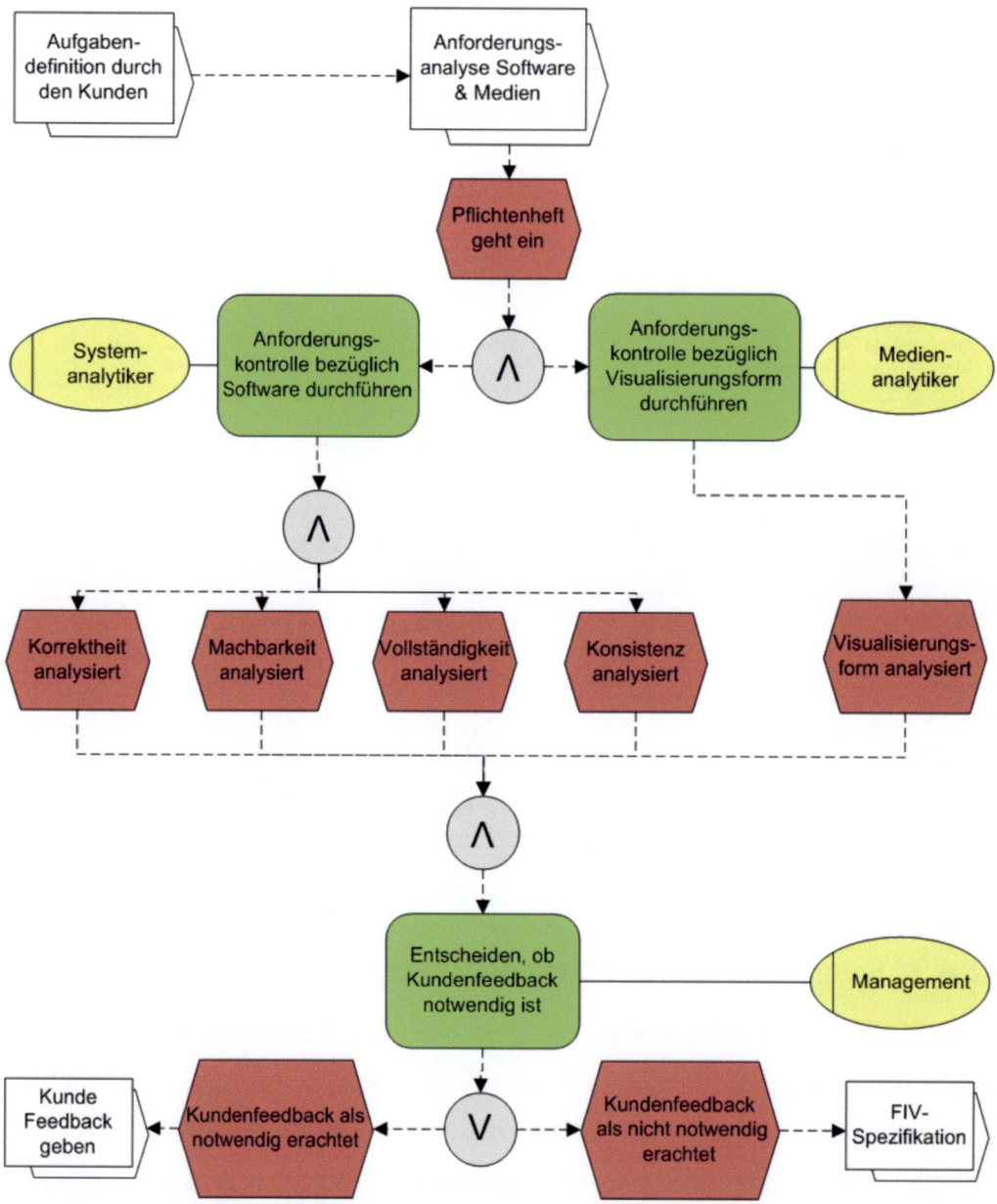

Abbildung 26: EPK der Anforderungsanalyse Software & Medien
(Quelle: Eigene Darstellung)

3.2.4.5. FIV-Spezifikation

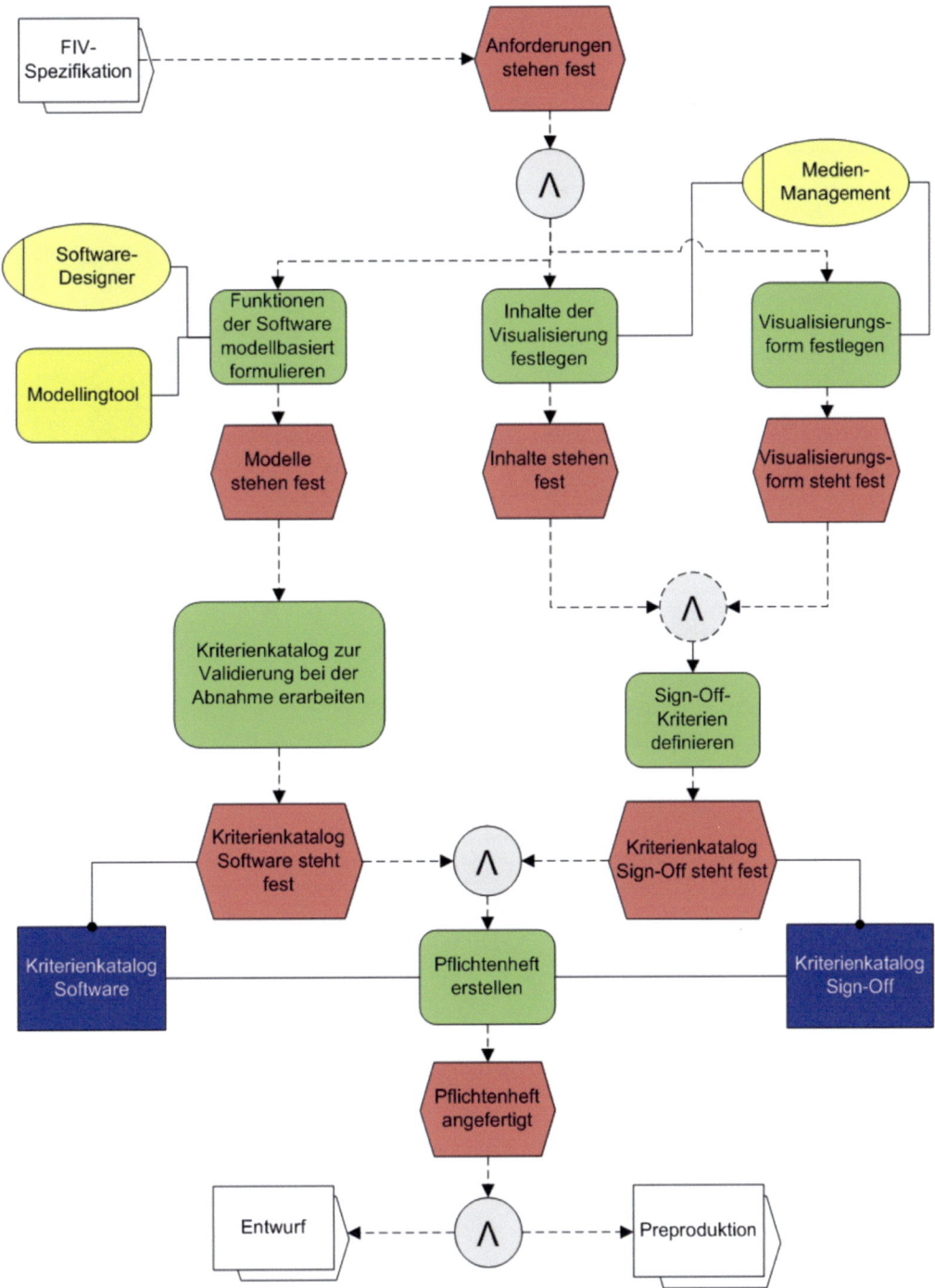

Abbildung 27: EPK der FIV-Spezifikation
(Quelle: Eigene Darstellung)

3.2.4.6. Entwurf

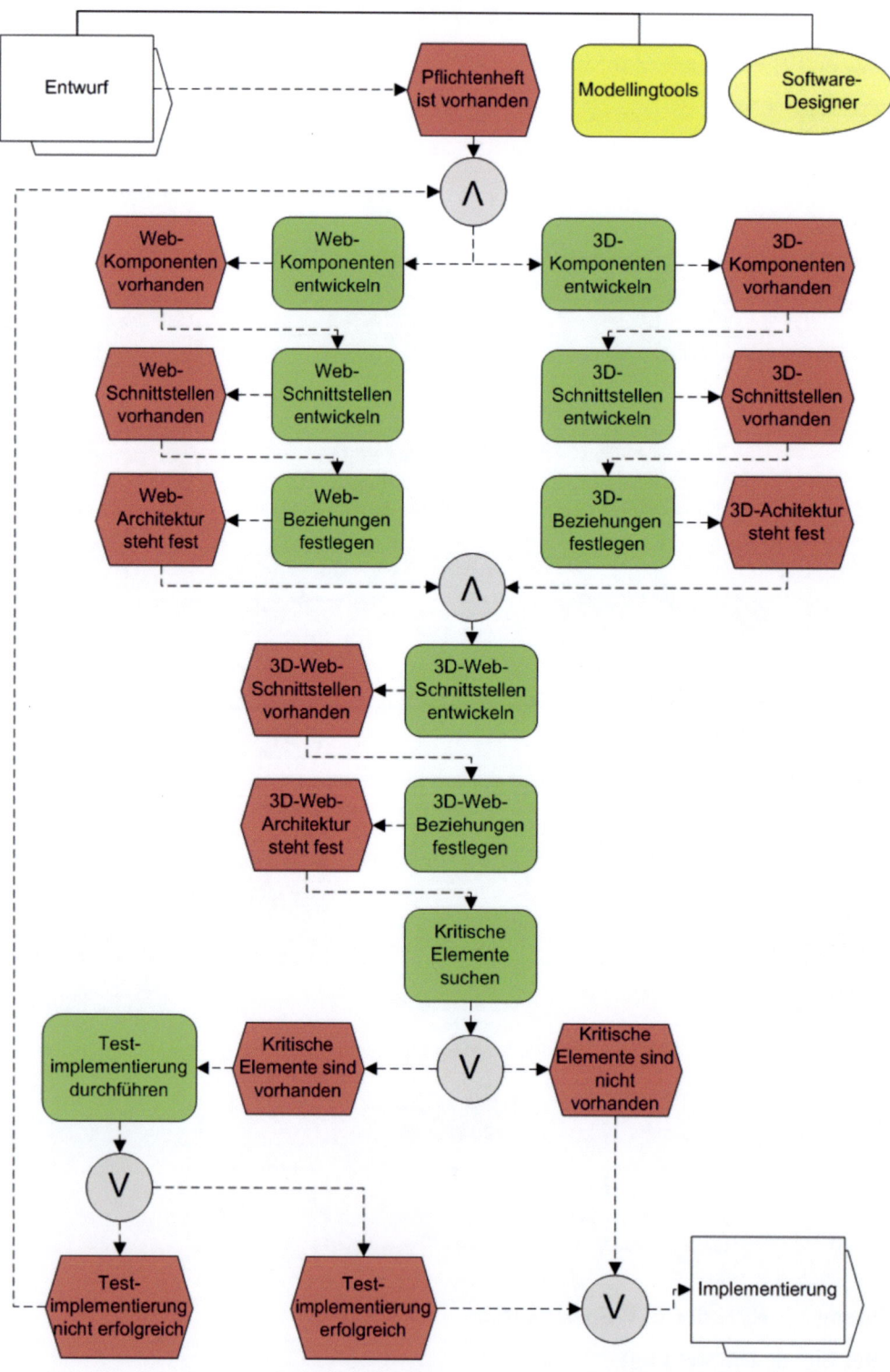

Abbildung 28: EPK des Entwurfs
(Quelle: Eigene Darstellung)

3.2.4.7. Implementierung

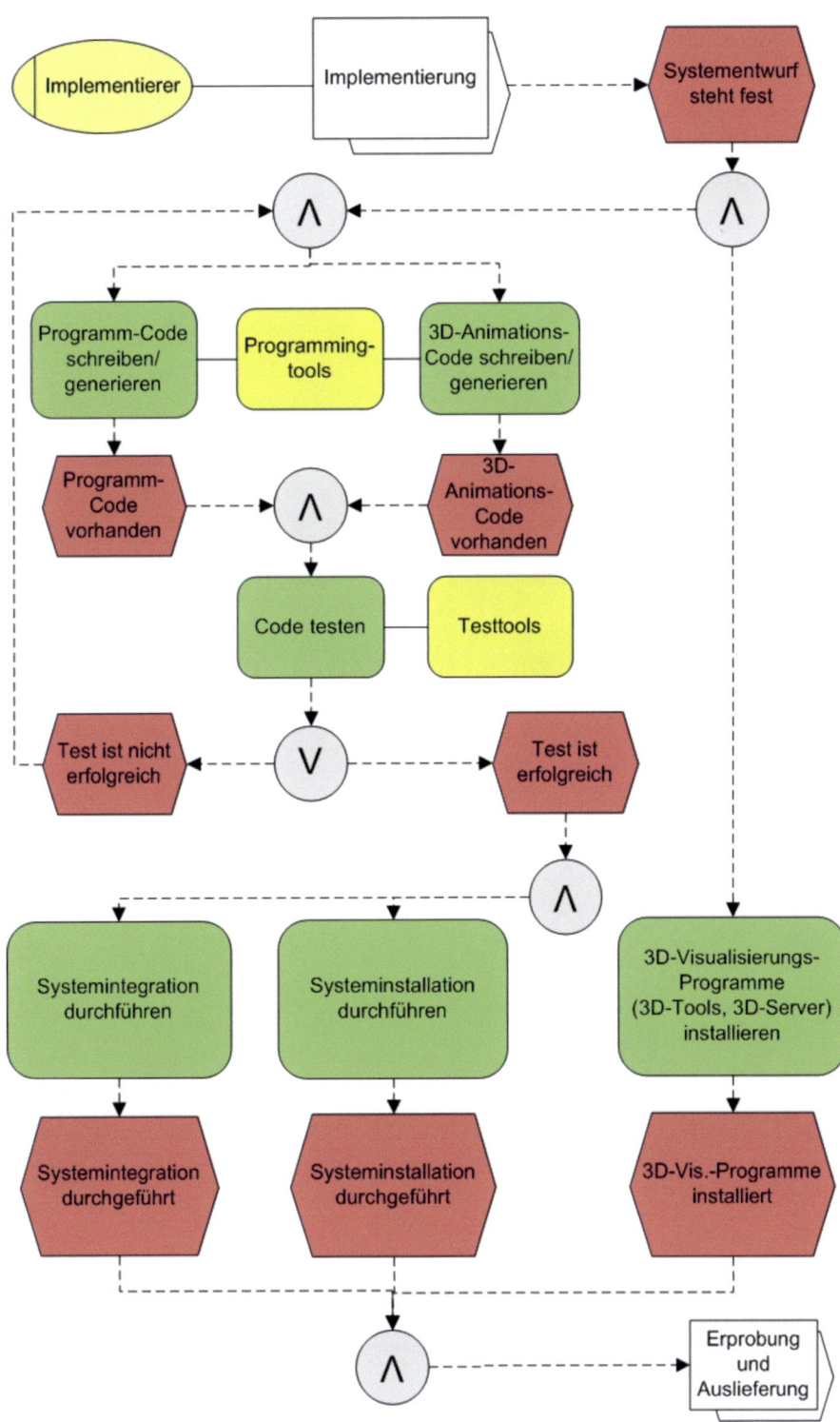

Abbildung 29: EPK der Implementierung
(Quelle: Eigene Darstellung)

3.2.4.8. Preproduktion

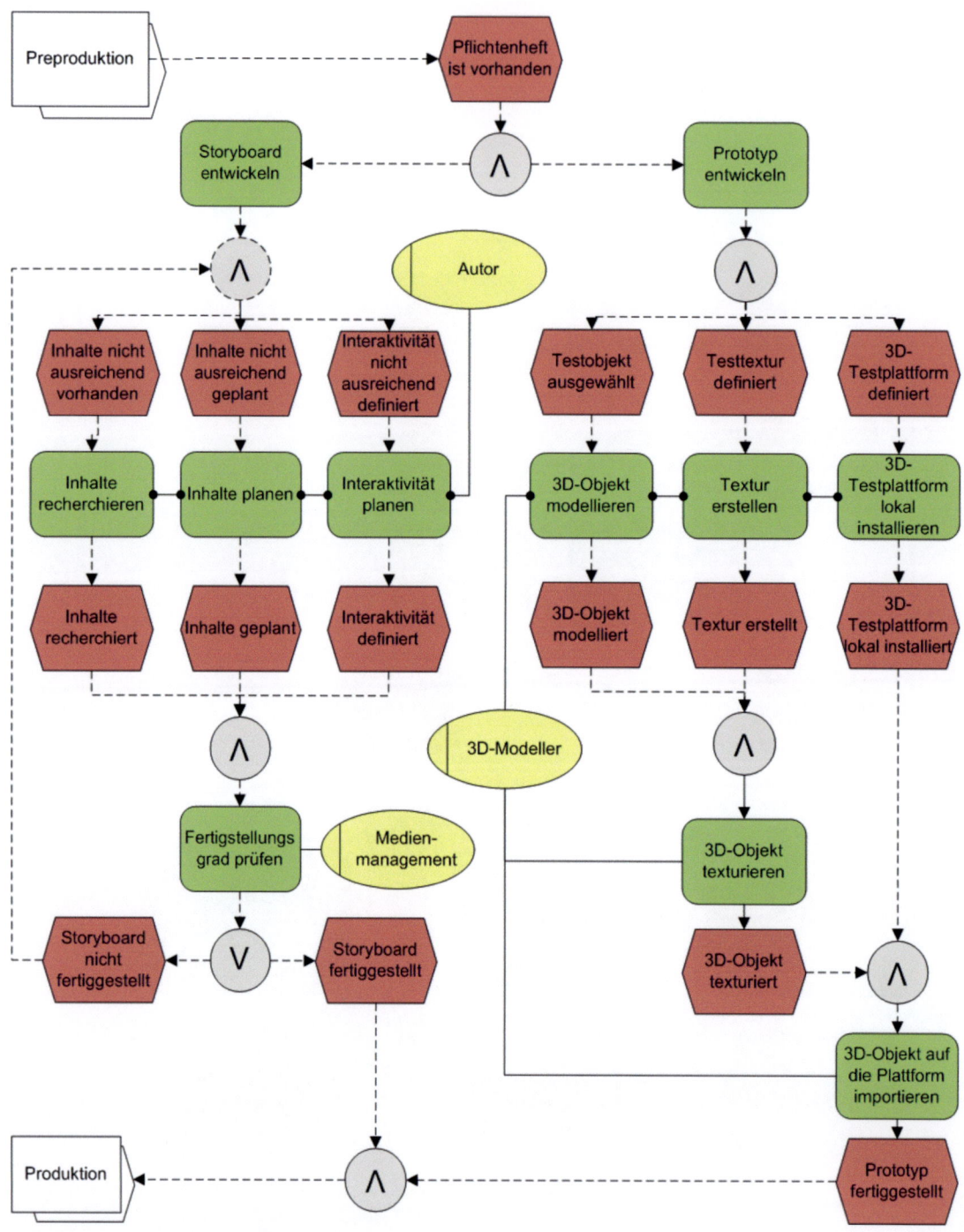

Abbildung 30: EPK der Preproduktion
(Quelle: Eigene Darstellung)

3.2.4.9. Produktion

Abbildung 31: EPK der Produktion
(Quelle: Eigene Darstellung)

3.2.4.10. Postproduktion

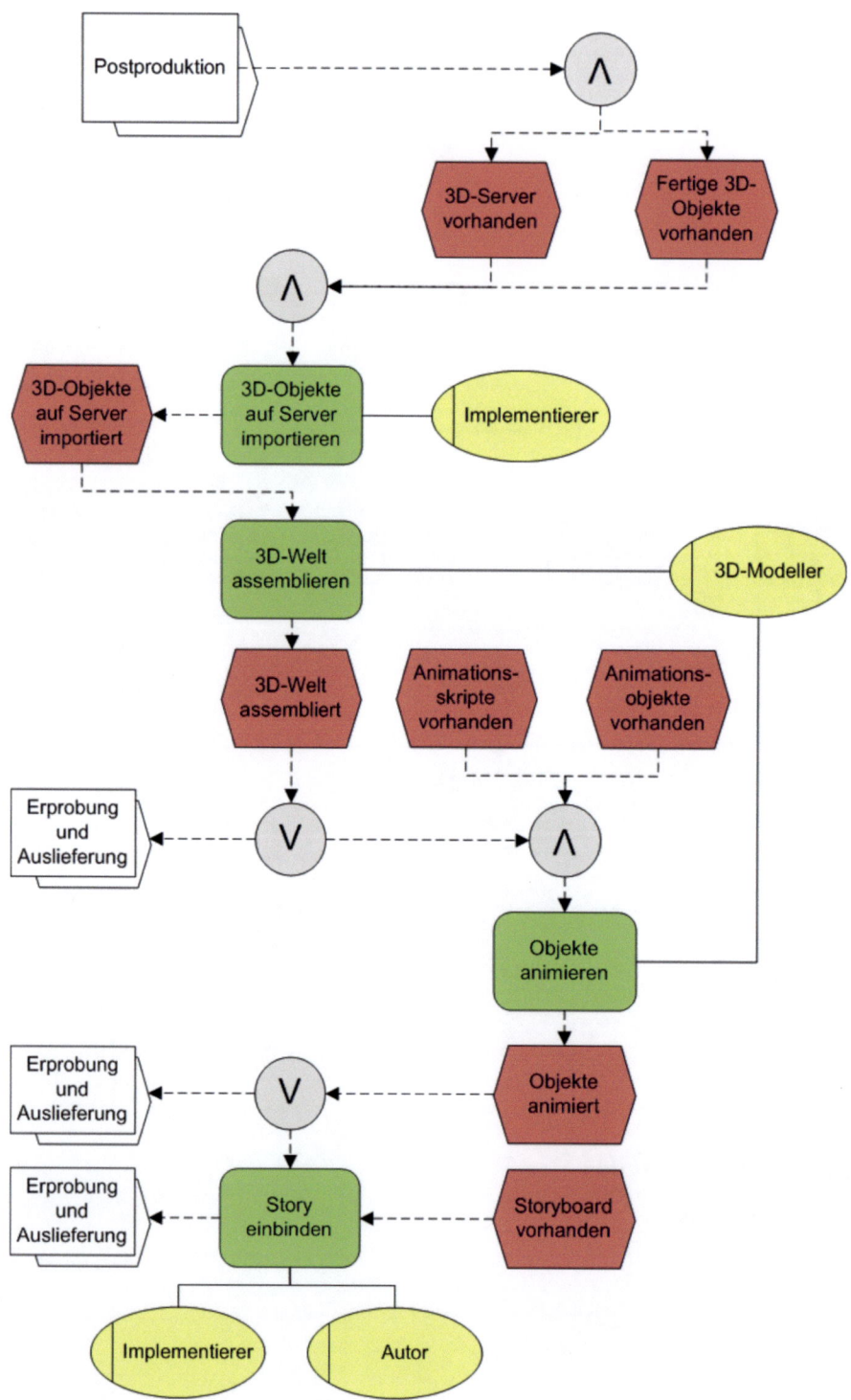

Abbildung 32: EPK der Postproduktion
(Quelle: Eigene Darstellung)

3.2.4.11. Erprobung und Auslieferung

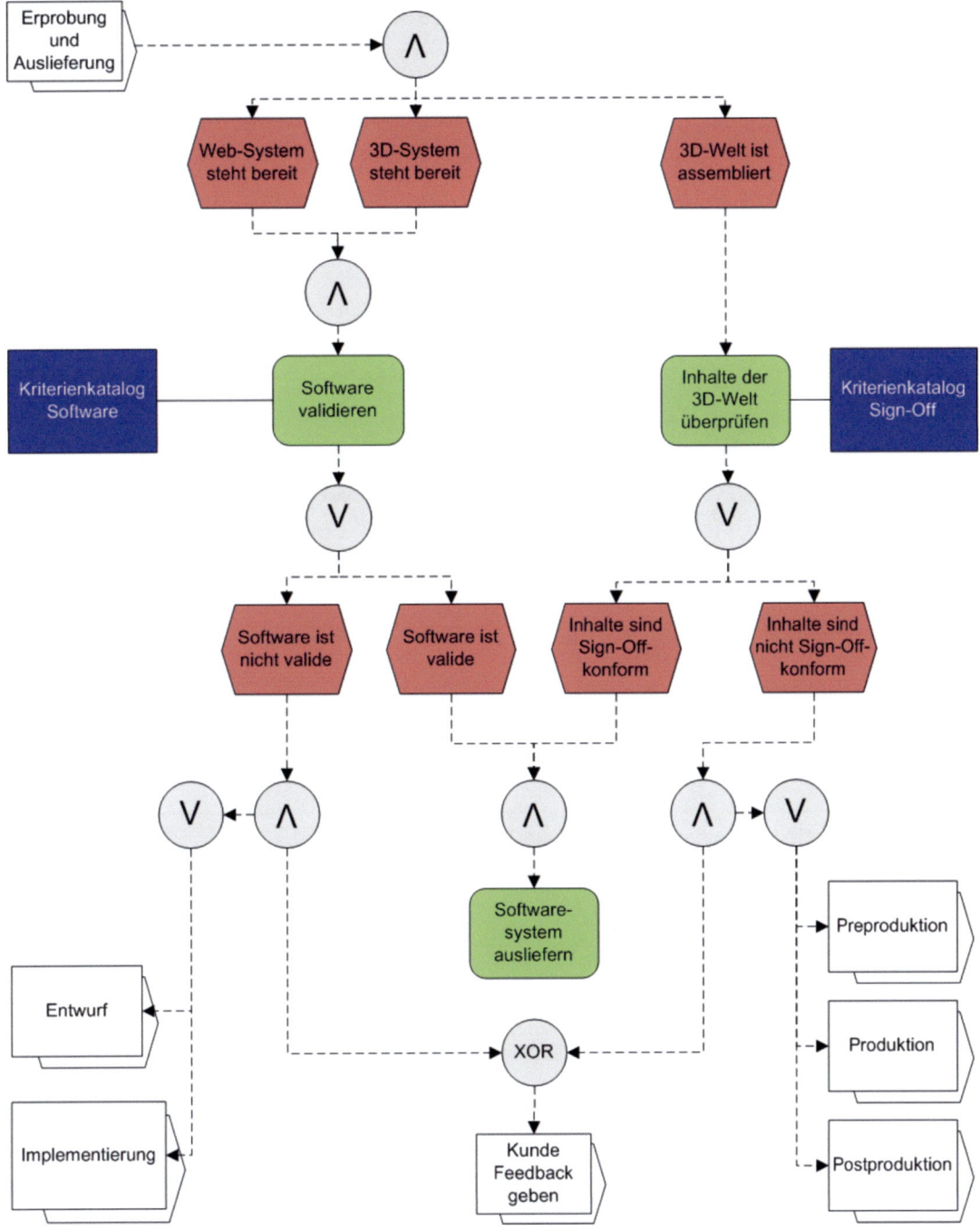

Abbildung 33: EPK der Erprobung und Auslieferung
(Quelle: Eigene Darstellung)

3.2.5. Einordnung des 3DWebVM

Wie im Stand des Wissens über Vorgehensmodelle beschrieben, erarbeitet der Arbeitskreis **Vorgehensmodellkatalog** (AK-VMK) der Fachgruppe WI-VM der Gesellschaft für Informatik die Beschreibungskriterien für Vorgehensmodelle. Diese Kriterien werden in einem morphologischen Kasten abgebildet (siehe Tabelle 13). Nun soll untersucht werden, wie das 3DWebVM den Kriterien gerecht wird. Diese Kriterien sind: Ausbaustufe, Phasenabdeckung, Submodelle, Gestaltungsdomäne, Branchenspezifität und Formalisierung.

Ausbaustufe	Meta-Meta-Modell	Meta-Modell	Framework	Referenz-modell	Methoden-sammlung	Methoden-familie	Vorgehens-modell	Vorgehens-modellpool	
Submodell	System-entwicklung	Projekt-management	Produkt-modell	Konfigura-tionsmanagement	Leistungsmodell	Betriebsmanagement	Qualitäts-modell	Wissens-management	Improve-ment-Modell	Wert-modell
Lebensphase	Unternehmens-strategie	IT-Strategie	Projektierung	Fach-Konzeption	Technischer Entwurf	Realisation	Betrieb	Abbau	
Gestaltungs-gegenstand	Systeme allgemein	Weltmodelle	Volkswirt-schaftliche Systeme	Soziale Systeme	Betriebswirt-schaftliche Systeme	Technische Systeme	IT-Systeme	Software	
Branchen-fokus	Industrie	Warenwirtschaft	Dienst-leistung	Finanzen	Öffentlicher Dienst	Militär	Sonstiges speziell		
Formali-sierungsart	Verbal	Formal	Grafisch	Quasireal	Physisch				
Format	Aufsatz	Wissenschaftliche Abhandlung	Handbuch	Lehrbuch	CD	Webpage			

Tabelle 13: Charakteristische Dimensionen der Vorgehensmodelle
(Quelle: (Höhn, 2007), S. 8)

3.2.5.1. Ausbaustufe

Generell werden unter einem VM verschiedene Ansätze unterschiedlicher Konkretisierung zusammengefasst. Der Katalog des Arbeitskreises fasst den strengen Begriff „Vorgehensmodell" absichtlich weiter, um z. B. Ressourcen, die zu einem VM ausgebaut werden können, nicht zu unterdrücken. Denn was in konkreten Projektsituationen angemessen hilft, sind nicht nur komplett ausgearbeitete Vorgehensmodelle, sondern auch Varianten wie z. B. Ordnungsrahmen, Checklisten, Metamodelle oder Referenzmodelle. Diese Varianten können daher als VM-Ausbaustufen betrachtet werden.[114] Sie sollen die **Eigenschaften** ausdrücken, die bei der Entscheidungsfindung von Projekten relevant sind

---
[114] Vgl. (Höhn, 2007), S. 8

wie Fertigstellungsgrad, Ausbauzustand, Abstraktheit oder Verwendungsbereitschaft des VM. Nach den Kriterien des AK-VMK ist das 3DWebVM nicht fertig ausdefiniert, gibt allerdings zu durchlaufende **Schritte** in Form von Phasen vor. Auch nennt es teilweise zu erzeugende **Ergebnisse**, z. B. durch Arbeitspakete wie „Installation der 3D-Visualisierungsprogramme". Darüber hinaus schreibt es zwar keine zu verwendenden **Methoden** wie z. B. die UML Methode vor, empfiehlt diese jedoch ausdrücklich, indem es aufzeigt, in welchen Phasen sie einsetzbar sind. Das Modell ist durch die Einbindung der konkreten Modelle in bestimmten Phasen deshalb auch **anpassbar**. Auch **Grundstrukturen** wie das Phasenmodell sind vorhanden. Deshalb erreicht das 3DWebVM nach Definition des AK-VMK die Ausbaustufe „**Referenzmodell**" (siehe Tabelle 14). Dies deckt sich gut mit der Definition eines Referenzmodells nach **Beckmann**[115], die aussagt, dass im Sinne der ursprünglichen Bedeutung des Wortes „Referenz" der Begriff der Referenzmodellierung eine Empfehlung für die Modellierung eines bestimmten Sachverhaltes darstellt, d. h. das Referenzmodell liefert eine mustergültige Darstellung dieses Sachverhaltes. In diesem Fall ist der Sachverhalt die Erzeugung einer webbasierten 3D-Welt, welcher als Muster für anwendungsinteressierte Organisationen bereitgestellt werden soll. Auch die Definition von **Fettke und Loos**[116] bestätigt die Einordnung als Referenzmodell, denn sie umschreibt die Referenzmodellierung als Menge aller Handlungen, welche die Konstruktion und Anwendung wiederverwendbarer Modelle beabsichtigt.

Ausbaustufe	Meta-Meta-Modell	Meta-Modell	Framework	Referenz-modell	Methoden-sammlung	Methoden-familie	Vorgehens-modell	Vorgehens-modellpool

Tabelle 14: Einordnung der Ausbaustufe des 3DWebVM
(Quelle: in Anlehnung an (Höhn, 2007), S. 8)

3.2.5.2. Submodelle

Nach Auffassung von Höhn[117] sind die von einem VM organisierten Schritte auf die Herstellung von Produkten ausgerichtet, wobei Primärergebnisse wie z. B. Software (-teile), Rechnernetze oder Projektteams erzeugt werden. Da diese **Primärergebnisse** sehr unterschiedlich sind, liegt es nahe auf diese Eigenheiten von Teilsystemen mit der

---

[115] Vgl. (Beckmann, 2008), S. 39
[116] Vgl. (Fettke, et al., 2004), S. 331
[117] Vgl. (Höhn, 2007), S. 9 f.

Organisation von Submodellen zu reagieren. Im Falle des 3DWebVM trifft die Submodellausprägung „**Systementwicklung**" am besten zu, weil der Schwerpunkt auf

⇨ der **Strukturierung und Abfolge der Produktionsschritte**,

⇨ der **Nennung der Ergebnisse der Produktionsschritte** sowie

⇨ den **Produktionsmethoden** liegt (siehe Tabelle 15).

Submodell	System-entwick-lung	Projekt-mana-gement	Produkt-modell	Konfigura-tionsma-nagement	Leistungsmodell	Betriebs-manage-ment	Qualitäts-modell	Wissens-manage-ment	Improve-ment-Modell	Wert-modell

Tabelle 15: Einordnung der Submodelle des 3DWebVM
(Quelle: in Anlehnung an (Höhn, 2007), S. 8)

3.2.5.3. Phasenabdeckung

Bekannterweise werden bei Projekten Kontrollabschnitte definiert um Fortschritt, Ergebnisse und Erkenntnisse bewerten zu können. Höhn sagt, dass ein VM nur für bestimmte Phasen entwickelt wird[118] und definiert daher die in Tabelle 16 dargestellten Phasen. Das 3DWebVM deckt dabei folgende Phasen ab:

⇨ **Fachkonzeption**: durch Anforderungsanalyse Software & Medien und FIV-Spezifikation

⇨ **Technischer Entwurf**: durch Entwurf/ Design sowie Preproduktion

⇨ **Realisation**: durch Implementierung, Produktion und Postproduktion

Lebensphase	Unternehmens-strategie	IT-Strategie	Projektie-rung	Fach-konzeption	Technischer Entwurf	Realisation	Betrieb	Abbau

Tabelle 16: Einordnung der Phasenabdeckung des 3DWebVM
(Quelle: in Anlehnung an (Höhn, 2007), S. 8)

3.2.5.4. Gestaltungsdomäne

Das Modell kann nur auf einen speziellen Gegenstand angewendet werden. Höhn nennt das „Entwurfsobjektbindung".[119] Auch die Strukturierung nach diesem Gestaltungsobjekt kann weiter aufgegliedert werden.[120] Das 3DWebVM hat seine Gestaltungsdomäne definitiv in der Software (siehe Tabelle 17) mit einer weiteren Aufgliederung nach:

---

[118] Vgl. (Höhn, 2007), S. 11 f.
[119] (Ebenda), S. 13 f.
[120] Vgl. (Ebenda), S. 13

↘ Web
↘ 3D
↘ Real-Time

Gestaltungs-gegenstand	Systeme allgemein	Weltmodelle	Volkswirt-schaftliche Systeme	Soziale Systeme	Betriebswirt-schaftliche Systeme	Technische Systeme	IT-Systeme	**Software**

Tabelle 17: Einordnung der Gestaltungsdomäne des 3DWebVM
(Quelle: in Anlehnung an (Höhn, 2007), S. 8)

3.2.5.5. Branchenspezifität

Aus Sicht der Entwicklung von Software im Bereich 3D-Web ist die Frage nach der Branchenspezifität schwer nachvollziehbar, denn diese Software kann für die Industrie genauso entwickelt werden wie für den Finanzsektor oder den öffentlichen Dienst.[121] Somit ist das 3DWebVM klar branchenübergreifend aufgestellt (Tabelle 18).

Branchen-fokus	**Industrie**	**Waren-wirtschaft**	**Dienst-leistung**	**Finanzen**	**Öffentlicher Dienst**	**Militär**	**Sonstiges speziell**

Tabelle 18: Einordnung der Branchenspezifität des 3DWebVM
(Quelle: in Anlehnung an (Höhn, 2007), S. 8)

3.2.5.6. Formalisierungsart

Das 3DWebVM ist nach Definition von Höhn verbal in Textform (Normalsprache und Fachsprache) formuliert worden.[122] Es existiert außerdem eine grafische Notation als Textergänzung sowie als ereignisgesteuerte Prozesskette (Tabelle 19).

Formali-sierungsart	**Verbal**	Formal	**Grafisch**	Quasireal	Physisch

Tabelle 19: Einordnung der Formalisierungsart des 3DWebVM
(Quelle: in Anlehnung an (Höhn, 2007), S. 8)

---

[121] Vgl. (Ebenda), S. 14
[122] Vgl. (Ebenda), S. 15

3.2.5.7. Format

Alle Modelle werden als Dokumentation in verschiedenen Medien veröffentlicht. Je nach Medienformat ist auch der Gebrauchswert eines Modells einzuschätzen.[123] Das 3DWebWM ist eine wissenschaftliche Abhandlung in Form einer Studie (siehe Tabelle 20).

Format	Aufsatz	**Wissenschaftliche Abhandlung**	Lehrbuch	Lehrbuch	CD	Webpage

Tabelle 20: Einordnung des Formats des 3DWebVM
(Quelle: in Anlehnung an (Höhn, 2007), S. 8)

3.2.5.8. Zusammenfassung

Das neue Modell lässt sich in die sieben Dimensionen des Vorgehensmodellkatalogs integrieren. Es handelt sich beim 3DWebVM um ein **Referenzmodell** zur **Systementwicklung**, das die drei Lebensphasen **Fachkonzeption, technischer Entwurf** und **Realisation** abdeckt und als Gestaltungsfokus die Entwicklung einer **Software** aufweist. Weiter ist es nicht für eine bestimmte **Branche** gedacht und wurde als **wissenschaftliche Abhandlung** verfasst (siehe Tabelle 21).

Ausbaustufe	Meta-Meta-Modell	Meta-Modell	Framework	**Referenzmodell**	Methodensammlung	Methodenfamilie	Vorgehensmodell	Vorgehensmodellpool
Submodell	**Systementwicklung**	Projektmanagement	Produktmodell	Konfigurationsmanagement	Leistungsmodell	Betriebsmanagement	Qualitätsmodell	Wissensmanagement	Improvement-Modell	Wertmodell
Lebensphase	Unternehmensstrategie	IT-Strategie	Projektierung	**Fach-Konzeption**	**Technischer Entwurf**	**Realisation**	Betrieb	Abbau
Gestaltungsgegenstand	Systeme allgemein	Weltmodelle	Volkswirtschaftliche Systeme	Soziale Systeme	Betriebswirtschaftliche Systeme	Technische Systeme	IT-Systeme	**Software**
Branchen-Fokus	Industrie	Warenwirtschaft	Dienstleistung	Finanzen	Öffentlicher Dienst	Militär	Sonstiges speziell
Formalisierungsart	Verbal	Formal	Grafisch	Quasireal	Physisch
Format	Aufsatz	**Wissenschaftliche Abhandlung**	Handbuch	Lehrbuch	CD	Webpage

Tabelle 21: Zusammenfassung der Einordnung des 3DWebVM nach Höhn
(Quelle: in Anlehnung an (Höhn, 2007), S. 8)

---

[123] Vgl. (Ebenda), S. 16

4. Umsetzung am Beispiel des KnowCubes der HHN

4.1. Aufgabenstellung

Der **KnowCube** ist ein Veranstaltungsraum der Hochschule Heilbronn. Er liegt, wie Abbildung 34 zeigt, getrennt vom Hauptgebäude im Eingangsbereich der Hochschule und wird für Vorträge und Veranstaltungen von Professoren, studentischen Vereinen und externen Organisationen genutzt. Der KnowCube soll im Rahmen der Studie in einer 3D-Welt nachmodelliert werden und Interessenten als virtueller Treffpunkt für Präsentationen und Vorträge dienen.

Folgende Anforderungen werden im Detail definiert:

- Einfache Erstellung eines virtuellen 3D-Raums in einer abgetrennten 3D-Welt.
- Server und Client der 3D-Welt werden mit Open Source-Software realisiert.
- Der Raum ist von den Maßen dem KnowCube der Hochschule nachempfunden.
- Äußerlich sieht der Raum wie der KnowCube aus.
- Der Raum bietet 15 Sitzgelegenheiten und eine Präsentationsleinwand.
- Eine Innenfläche des KnowCube wird als Präsentationsfläche genutzt.
- Es soll eine Schnittstelle zwischen 3D-Server zum Application-Server realisiert werden, damit Zugriffsfunktionalitäten vom Application-Server ausgehend auf dem 3D-Server durchgeführt werden können. Der 3D-Server soll somit vom Application-Server aus administrierbar sein.
- Die Anbindung der virtuellen Welt an den Application-Server der Hochschule soll der Einfachheit wegen in PHP realisiert werden.

Diese Aufgabenstellung betrifft vom Umfang her nicht alle Arbeitspakete des 3DWebVM. Deshalb werden auch nur die Aufgaben betrachtet, die zur Umsetzung notwendig sind. Diese sind im Einzelnen:

- in der Analysephase eine kurze Kontrolle der Anforderungen
- in der Entwurfsphase das Augenmerk auf eine 3D-Architektur und Anbindung des Application-Servers an den 3D-Server
- bei der Implementierung die Programmierung der Serverschnittstelle sowie die Installation der 3D-Visualisierungsprogramme und Plugins
- bei der Preproduktion die Erzeugung des Prototyps

- bei der Produktion: Bildbearbeitung, 3D-Modellierung, Oberflächengestaltung und eventuell Belichtung und Animation
- bei der Postproduktion die Assemblage der 3D-Welt
- bei der Erprobung der Test der Serverschnittstelle und die Kontrolle der 3D-Welt-Inhalte

Abbildung 34: KnowCube der Hochschule Heilbronn
(Quelle: (Institut für angewandte Forschung Heilbronn, 2008), WWW)

4.2. Analyse der Anforderungen

4.2.1. Allgemein

Laut Gröschel[124] sind aus strategischer Sicht bei technologischen Überlegungen zur Machbarkeit von Informationssystemen zwei Aspekte zu berücksichtigen: Entweder wird die Technologie als Mittel zum Zweck gesehen („Technology follows Business") oder man nutzt neue Technologien zur Entwicklung neuer Produkte („Business follows Technology"). Im Falle der Entwicklung des KnowCube stehen neue Technologien bereit, die sich zudem alle in der Alpha-Phase der Entwicklung befinden. Daher wird hier der Weg des „Business follows Technology" eingeschlagen und auch aufgezeigt, was technisch derzeit möglich ist.

---

[124] Vgl. (Gröschel, 2004), S. 38

4.2.2. Analyse anhand der formulierten Anforderungen

„Einfache Erstellung eines virtuellen 3D-Raums in einer abgetrennten 3D-Welt.": Der 3D-Raum ist ein Gebäude, in diesem Fall das Gebäude KnowCube. Die 3D-Welt ist eine Landschaft, die auf einer Plattform installiert wird. Es wird nicht gesagt wie diese Landschaft auszusehen hat, weshalb der einfachste Typ einer Landschaft verwendet wird, nämlich eine leere und ebene Fläche. Solche leeren Flächen bietet die Plattform OpenSim in Form einer kleinen Insel an. Auch der realXtend-Server kann mit einer initialen leeren Fläche installiert werden.

Mit „abgetrennt" ist eine sichere Umgebung gemeint, die nach außen hin nicht mit anderen Umgebungen oder Grids verbunden ist. Bei Twinity ist eine abgetrennte Umgebung nicht realisierbar, weil es den Prinzipien dieser Plattform widerspricht, wonach nur zusammenhängende Welten entwickelt werden, in deren Räume man sich einkaufen kann. Auch bei Second Life müsste man sich zunächst einen kostenpflichtigen Account zulegen, um eine Landschaft aufbauen zu können. Übrig bleiben Wonderland, OpenSim und realXtend. Generell wäre es einfacher die Welt in OpenSim oder realXtend zu realisieren, weil das Wissen um diese Plattformen im Internet viel umfänglicher und damit viel besser dokumentiert ist als bei Wonderland. Dies hängt mit der mittlerweile sehr großen Entwicklergemeinde von OpenSim zusammen. Wonderland ist zwar Open Source, die einzige ausführliche Dokumentation ist aber nur auf der Website von java.net verfügbar. Die Einfachheit der Realisierung einer 3D-Welt hängt auch stark davon ab, welche 3D-Formate auf den Server über den Client importiert werden können. Der einfache Import von 3D-Formaten ist bisher nur bei Second Life, Twinity und realXtend möglich. Bei realXtend lässt sich z. B. das Ogre-Mesh-Format relativ simpel über den Client importieren.[125]

„Der Server und Client der 3D-Welt sollen mit Open Source-Software realisiert werden.": Open Source-verfügbar sind Client und Server von Wonderland, OpenSim und realXtend. Dabei existieren für OpenSim viele verschiedene Clients, unter anderem kann auch der Client von Second Life genutzt werden.

„Der Raum ist von den Maßen dem KnowCube der Hochschule nachempfunden.": Nachempfunden soll bedeuten, dass nicht jedes Detail des virtuellen KnowCube mit dem reellen Objekt übereinstimmen muss. Der KnowCube muss einfach als solcher erkennbar sein und seine Funktion als Raum für Vorträge erfüllen. Das betrifft neben den Maßen

---

[125] Vgl. (realXtend, 2008), WWW

auch die Texturen des Gebäudes sowie die Innenausstattung. Beim Ortstermin wurde festgestellt, dass der KnowCube etwa 15 Meter lang, sechs Meter breit und vier Meter hoch ist.

Wegen der Kamerapositionierung direkt über dem Kopf des Avatars muss die Decke des KnowCubes entweder offen bleiben oder höher gezogen werden, da die Sicht versperrt wird, sobald sich der Avatar im Raum aufhält. Dies kann dazu führen, dass der KnowCube in der Höhe des Gebäudes nicht nach Originalmaßen modelliert werden kann. Somit sollte beim KnowCube-Prototyp untersucht werden, wie hoch das Gebäude tatsächlich bei der Produktion modelliert wird.

„Äußerlich sieht der Raum wie der KnowCube aus":
Damit ist die Textur der Gebäudeoberfläche gemeint. Beim Ortstermin wurden folgende Bilder der vier Seiten des KnowCubes gemacht: siehe Abbildung 35.

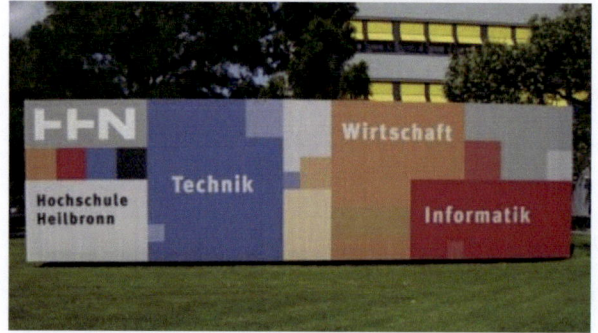

Abbildung 35: Die vier Seiten des KnowCube
(Quelle: eigene Fotos)

„[…] Der 3D-Server soll […] vom Application-Server aus administrierbar sein.": Für eine Administration des 3D-Servers wird somit eine Schnittstelle für den Zugriff auf interne Funktionen benötigt. Bei den 3D-Servern ist solch eine Schnittstelle bei OpenSim und realXtend vorhanden und heißt **RemoteAdmin**.[126]

4.2.3. Zusammenfassung der Anforderungsanalyse

Kriterium	Second Life	Twinity	OpenSim	realXtend	Wonder-land
Leere und ebene Grundfläche	●	○	●	●	●
Einfacher Import von 3D-Formaten	●	●	○	●	◐
Keine Kosten beim Erstellen der 3D-Welt	○	○	●	●	●
Abgetrennte Welt	○	○	●	●	●
Umfängliche Dokumentation	●	◐	●	●	○
Open Source-Verfügbarkeit (Client & Server)	◐	○	●	●	●
Reichhaltiges Basisinventar	◐	◐	○	●	○
Schnittstelle für externe Funktionssteuerung des 3D-Servers vorhanden	○	○	●	●	●
● = Zutreffend; ◐ = Teilweise zutreffend; ○ = Nicht zutreffend;					

Tabelle 22: Zusammenfassung der Anforderungen
(Quelle: eigene Darstellung)

Die Zusammenfassung macht deutlich, dass entsprechend der gestellten Anforderungen die Plattform **realXtend** die besten Voraussetzungen aufweist und daher als Plattform für die Entwicklung und Implementierung der 3D-Welt empfohlen wird.

---

[126] Vgl. (The New World Grid Regents, 2008), WWW

4.3. Entwurf des KnowCube

Beim Entwurf müssen nach dem 3DWebVM zunächst einmal Web- und 3D-Komponenten entwickelt werden. Darauf basierend wird dann eine Web-3D Schnittstelle entwickelt. Die Komponente **Web-Application-Server** steht in Form des XAMPP-Servers bereit. Als Komponente **3D-Server** wird, wie bei der Anforderungsanalyse eruiert und empfohlen, der realXtend-Server verwendet. Als Komponente **3D-Browser** steht folglich der realXtend-Browser bereit. Um wie gefordert Zugriffe des Application-Servers auf den 3D-Server zu ermöglichen, bedarf es der Konstruktion einer Schnittstelle. Die Architektur der Schnittstelle ist in diesem Fall einfach darzustellen, weil es beim aktuellen Entwicklungsstand des 3D-Servers nur eine Möglichkeit gibt um auf interne Funktionen zuzugreifen. Dabei handelt es sich um das Interface **RemoteAdmin.** Diese Schnittstelle ist in der Lage auf interne Administrationsfunktionen von OpenSim zuzugreifen, bei der z. B. Regionen kreiert oder neue User angelegt werden können. Dafür verwendet RemoteAdmin intern XML-basierte **Remote Procedure Calls** (kurz: XML-RPC). Von außen kann auf diese Schnittstelle über das HTTP/1.0-Protokoll zugegriffen werden. Alle derzeit bekannten RemoteAdmin-Befehle sind im Anhang gelistet. Das **Klassendiagramm** für einen Zugriff über RemoteAdmin auf die Funktion admin_create_user, bei der ein neuer User auf dem OpenSim-Server angelegt und an eine beliebige Stelle teleportiert wird, zeigt Abbildung 36.

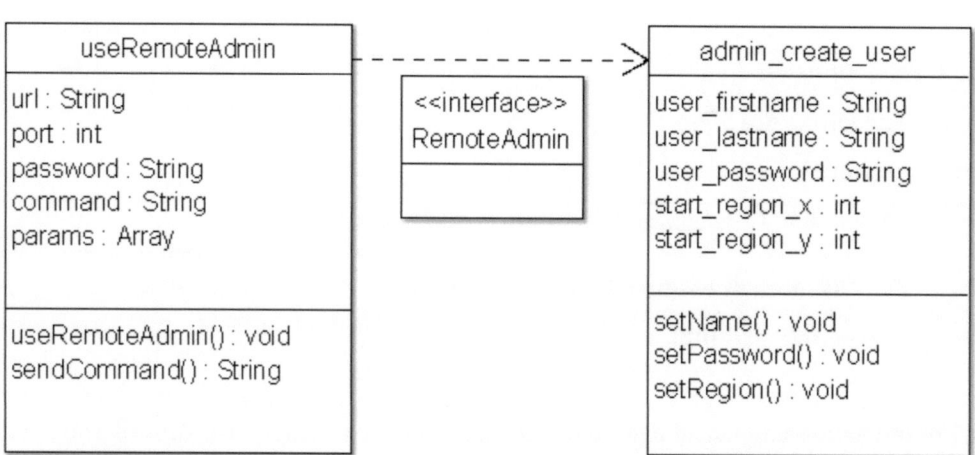

Abbildung 36: Klassendiagramm für den Zugriff auf admin_create_user über RemoteAdmin
(Quelle: Eigenentwicklung mit ArgoUML in UML 1.4-Notation)

Das **Komponentendiagramm** (Abbildung 37) sieht folgendermaßen aus: Die OpenSim-serverseitige Komponente heisst **AdminTools** und beinhaltet alle Objekte der notwendigen Administrationsklassen, welche teilweise in Subsystemen angeordnet sind. Die Realisierung findet über die Schnittstelle RemoteAdmin statt. Die Application-Serverseite wird hier durch die Komponente **openSimConnector** repräsentiert. Diese beinhaltet das Objekt der Klasse **useRemoteAdmin**, welche die XML-Daten zur Übergabe generiert, eine Verbindung zum Socket herstellt, die Daten sendet und die XML-Antwort von RemoteAdmin parst.

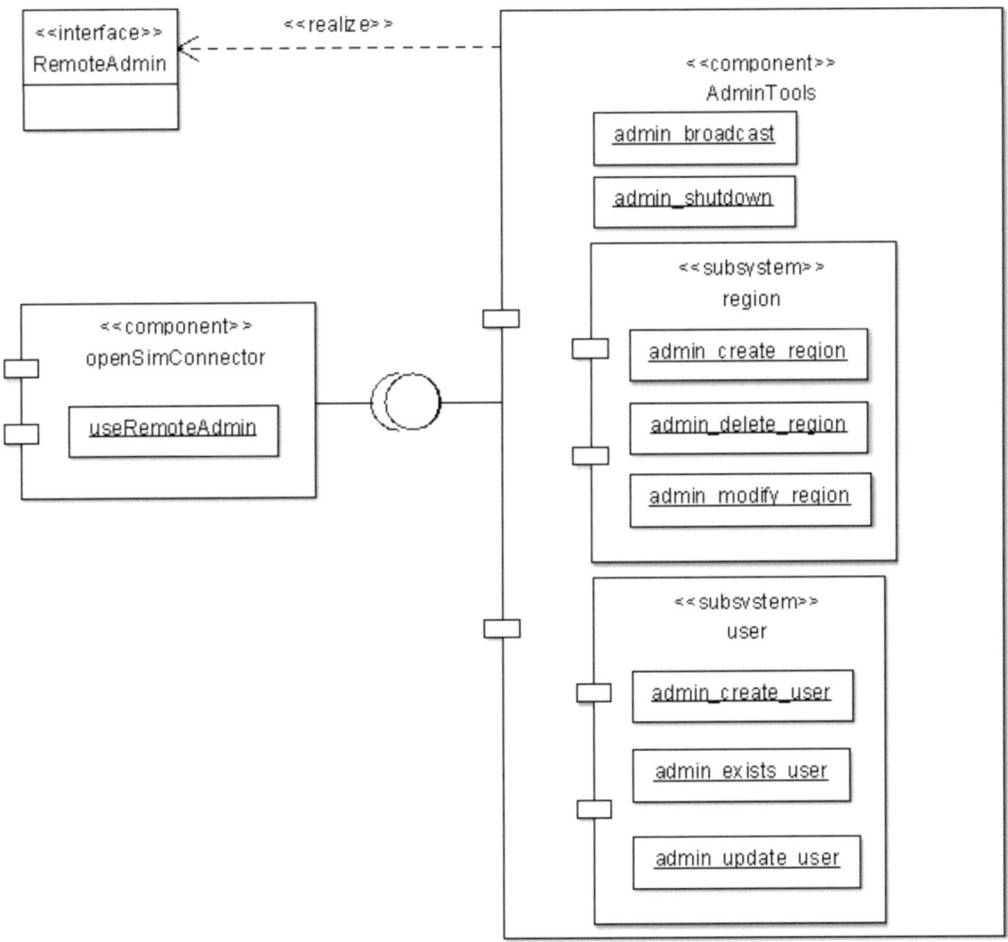

Abbildung 37: Komponentendiagramm zur Veranschaulichung der Serverschnittstelle
(Quelle: Eigenentwicklung mit ArgoUML in UML 1.4-Notation)

4.4. Implementierung des KnowCube

Die Implementierung dreht sich hauptsächlich um die Programmierung der Serverschnittstelle, die Installation der Server, Clients, der 3D-Visualisierungsprogramme und deren Plugins.

4.4.1. Programmierung der 3D-Web-Schnittstelle

4.4.1.1. Application-Server-Side

Die Komponente der Application-Serverseite wurde beim Entwurf laut Verteilungsdiagramm folgendermaßen designed: Abbildung 38.

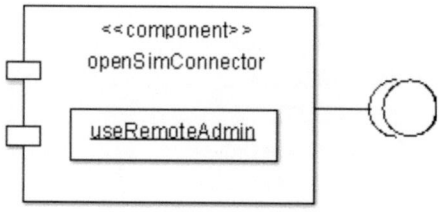

Abbildung 38: Komponente openSimConnector des Application-Servers (Quelle: Eigenentwicklung)

Sie heißt **openSimConnector** und benutzt Objekte der Klasse **useRemoteAdmin**. Diese Klasse wurde laut Klassendiagramm, wie in Abbildung 39 dargestellt, entworfen.[127] Dabei werden zur Herstellung der Verbindung mit dem RemoteAdmin die Variablen url, port und password benötigt. Diese drei Variablen kommen in der Konstruktor-Funktion useRemoteAdmin zum Einsatz. Die Variablen command und params gehören zur Funktion sendCommand. Dabei ist command ein beliebiger RemoteAdmin-Befehl und params ist die Variable für eventuell benötigte Parameter, die mit dem Befehl übergeben werden müssen. sendCommand stellt den XML-RPC zusammen, sendet diesen an den 3D-Server und parst die zurückkommende Antwort. Nachfolgend wird nun die Programmierung dieser Klasse in PHP Schritt für Schritt dargestellt.

---

[127] Klassendiagramm und der daraus entstandene PHP-Code wurden in Anlehnung an (The New World Grid Regents, 2008) entwickelt.

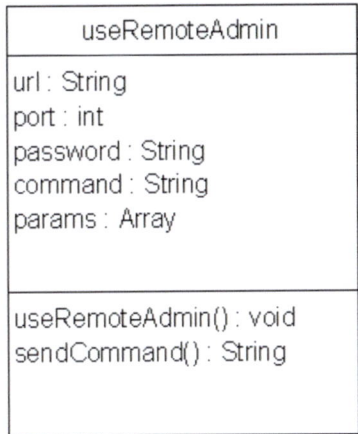

Abbildung 39: Klasse useRemoteAdmin in UML-Notation

(Quelle: Eigenentwicklung)

Schritt 1:

Grundstruktur der Klasse useRemoteAdmin anlegen (siehe Abbildung 40).

```php
<?php
class useRemoteAdmin{
    //Instanziierungsklasse definieren
    function useRemoteAdmin($sURL, $sPort, $pass)
    {
        //Zugangsparameter festlegen
        //und innerhalb der Klasse zugreifbar machen
    }
    function SendCommand($command, $params=array())
    {
        //XML Daten generieren
        //Verbindung zum Socket herstellen
        //Daten senden
        //XML-Antwort von RemoteAdmin parsen
    }
}
?>
```

Abbildung 40: Grundstruktur der Klasse useRemoteAdmin als PHP-Code

(Quelle: Eigenproduktion in Anlehnung an (The New World Grid Regents, 2008), WWW)

Schritt 2:

Zugriff innerhalb der Klasse auf die Variablen url, port und pass in der Funktion useRemoteAdmin herstellen:

```php
 3   //Instanziierungsklasse definieren
 4   function useRemoteAdmin($sURL, $sPort, $pass)
 5   {
 6       //Zugangsparameter festlegen
 7       //und innerhalb der Klasse zugreifbar machen
 8       $this->simulatorURL = $sURL;      // String
 9       $this->simulatorPort = $sPort;    // Integer
10       $this->password = $pass;
11
12   }
```

Abbildung 41: Parameter von useRemoteAdmin initialisieren
(Quelle: Eigenproduktion in Anlehnung an (The New World Grid Regents, 2008), WWW)

Schritt 3:

Innerhalb der Funktion SendCommand werden nun die XML-Daten generiert. Dabei werden alle Befehle und Werte in HTML-Sonderzeichen umgewandelt. Falls ein Befehl mehrere Parameter und Parameterwerte übergeben muss, wird der dazu notwendige XML-Code in einer Schleife generiert (Abbildung 42).

```
12  function SendCommand($command, $params=array())
13  {
14      //XML Daten generieren
15      $paramsNames = array_keys($params);
16      $paramsValues = array_values($params);
17      //Aufruf der RemoteAdmin-Methode
18      $xml = '<methodCall>';
19      //Aufruf des Kommando-Namens
20      //und Umwandlung in HTML-Sonderzeichen
21      $xml .= '<methodName>' . htmlspecialchars($command) . '</methodName>
22                  <params>
23                      <param>
24                          <value>
25                              <struct>
26                                  <member>
27                                      <name>password</name>
28                                      <value>
29                                          <string>'
30                                          . htmlspecialchars($this->password) .
31                                          '</string>
32                                      </value>
33                                  </member>';
34      //Überprüfung ob mehrere Parameter und deren Werte übergeben werden müssen
35      if (count($params) != 0)
36      {
37          for ($p = 0; $p < count($params); $p++)
38          {
39              $xml .='<member><name>'. htmlspecialchars($paramsNames[$p]) .'</name>';
40              $xml .='<value>'. htmlspecialchars($paramsValues[$p]) .'</value></member>';
41          }
42
43      }
44      $xml .= '              </struct>
45                          </value>
46                      </param>
47                  </params>
48              </methodCall>';
49
50      //Verbindung zum Socket herstellen
51      //Daten senden
52      //XML-Antwort von RemoteAdmin parsen
53  }
```

Abbildung 42: XML-Daten generieren

(Quelle: Eigenproduktion in Anlehnung an (The New World Grid Regents, 2008), WWW)

Schritt 4:

Innerhalb der Funktion sendCommand wird die Verbindung zum Socket hergestellt. Dazu werden zunächst die notwendigen Variablen Host, Ports, error_reporting und Timeout-Limit gesetzt. Schließlich öffnet die Funktion **fsockopen** die Verbindung zum 3D-Server (Abbildung 43).

```php
50  //Verbindung zum Socket herstellen
51  $host = $this->simulatorURL;
52  $port = $this->simulatorPort;
53
54  // Timeout in Sekunden
55  $timeout = 5;
56
57  //Error_reporting komplett abschalten
58  error_reporting(0);
59  //Initialisierung einer Socket-Verbindung
60  $fp = fsockopen($host, $port, $errno, $errstr, $timeout);
```

Abbildung 43: Verbindung zum Socket des 3D-Servers herstellen

(Quelle: Eigenproduktion in Anlehnung an (The New World Grid Regents, 2008), WWW)

Schritt 5:

Innerhalb der Funktion **sendCommand** die XML-Daten senden und die Antwort des RemoteAdmin parsen. Die Einzelschritte sind in Abbildung 44 auskommentiert.

```php
62  //Daten senden
63  if (!$fp)
64  {
65      //Wenn der angesprochene Host ein Timeout generiert
66      //oder keine Verbindung zum Host aufgebaut werden kann,
67      //liefert diese Funktion FALSE zurück
68      return FALSE;
69  }
70  else
71  {
72      //Der Text wird zusammengestellt
73      fputs($fp, "POST / HTTP/1.1\r\n");
74      fputs($fp, "Host: $host\r\n");
75      fputs($fp, "Content-type: text/xml\r\n");
76      fputs($fp, "Content-length: ". strlen($xml) ."\r\n");
77      fputs($fp, "Connection: close\r\n\r\n");
78      fputs($fp, $xml);
79      $res = "";
80      // den Text Zeile für Zeile einlesen
81      while(!feof($fp)) {
82              $res .= fgets($fp, 128);
83      }
84      //Datenzeiger wird geschlossen
85      fclose($fp);
86      $response = substr($res, strpos($res, "\r\n\r\n"));;
87
88      //XML-Antwort von RemoteAdmin parsen
89      $result = array();
90      if (preg_match_all('#<name>(.+)</name><value><(string|int)>(.*)</\2></value>#U',
91          $response, $regs, PREG_SET_ORDER)) {
92        foreach($regs as $key=>$val) {
93              $result[$val[1]] = $val[3];
94        }
95      }
96      return $result;
97  }
```

Abbildung 44: XML-Daten senden und den Response parsen

(Quelle: Eigenentwicklung in Anlehnung an (The New World Grid Regents, 2008), WWW)

Schritt 6:

Weil in den Anforderungen keine genauen Angaben vorhanden sind die besagen, welche Funktionen der Application-Server aufweist, wird in diesem Schritt zu Testzwecken der Klasse **useRemoteAdmin** selbige instanziiert und anschließend der Befehl **admin_broadcast** übergeben, der dafür sorgt, dass in der 3D-Welt die übergebene Textzeile „Hallo 3D-Welt!" angezeigt wird.

```php
<?php

//Einbinden der Klasse useRemoteAdmin
include('useRemoteAdmin.php');

// die Klasse instanziieren
$ra = new useRemoteAdmin('localhost', 9000, 'test');

// RemoteAdmin Befehl ausführen
$parameter = array('message' => 'Hallo 3D-Welt!');
$ra->SendCommand('admin_broadcast', $paramater);

?>
```

Abbildung 45: Anwendung der Klasse useRemoteAdmin

(Quelle: Eigenentwicklung in Anlehnung an (The New World Grid Regents, 2008), WWW)

4.4.1.2. 3D-Server-Side

Derzeit existieren keine Funktionen auf dem 3D-Server um umgekehrt auf den Application-Server zugreifen zu können. Selbstverständlich steht es jedem frei solche Funktionen zu entwickeln und bei OpenSim oder realXtend einzubauen. Dazu sollte man in beiden Fällen in der Programmiersprache C# entwickeln.

4.4.2. Installation und Start des 3D-Servers

Den realXtend-Server bei www.realxtend.org herunterladen. Die heruntergeladene Datei ist ein ZIP-Archiv. Um den Server zu installieren, muss das Archiv einfach auf der Festplatte entpackt werden. Der dabei verwendete Pfad ist im Fall dieser Umsetzung C:\t\srv. Im Unterverzeichnis „rexserver" die Anwendung „OpenSim" starten. Der Server läuft erfolgreich, wenn am Ende des Prompt-Bildschirms folgende Zeilen zu lesen sind:
[!]:STARTUP COMPLETE
[OPENSIM MAIN]: Startup complete, serving 1 region(s)
Dieser Standard-realXtend-Server beinhaltet eine Unterwasserwelt, die für das Bauen einer eigenen 3D-Welt nicht wirklich gut geeignet ist. Daher besteht die Möglichkeit sich bei **Rexxed.com** einen realXtend-Blank-Server mit einfachem und flachem Land sowie mit oder ohne Ausstattungsgegenständen herunterzuladen und diesen nachzuinstallieren. Zu finden sind diese Servervarianten bei http://www.rexxed.com/2009/04/realxtend-04-builder-friendly-server/ .

Die Installation dieser Server-Variante gestaltet sich genauso wie die eines normalen realXtend-Servers.

4.4.3. Installation des Application-Servers

Der Application-Server XAMPP wird bei http://www.apachefriends.org als Installer heruntergeladen und einfach im Verzeichnis C:\Programme\xampp installiert. Eine Verknüpfung zum Starten des Servers wird auf dem Desktop eingerichtet. XAMPP basiert auf dem Apache-Server und simuliert einen lokalen Server, auf den in einem normalen Web-Browser über http://localhost zugegriffen werden kann. Dabei werden die programmierten Skripte im Verzeichnis htdocs abgelegt.

4.4.4. Installation des 3D-Clients

Der realXtend-Client wird bei www.realxtend.org heruntergeladen. Es handelt sich dabei um einen Installer. Dabei werden die Daten nach C:\t\client\ installiert. Der Client ist in der Lage 3D-Meshes im Ogre-Mesh-Format zu importieren. Leider ist dieses Feature aktuell noch in der Entwicklung und kann Texturen nicht richtig darstellen, weshalb zusätzlich ein Bugfix bei realXtend heruntergeladen und installiert werden muss. Diese ZIP-Datei heißt realxtendviewer_0.4_fix. Sie wird lokal entpackt. Die entpackte Datei heißt nun realXtend.exe. Diese Datei ersetzt die alte realXtend.exe im Verzeichnis C:\t\client.

4.4.5. Installation von SketchUp inklusive der Plugins Ogre-Mesh-Exporter und OgreXMLConverter

SketchUp

Die Software von SketchUp wird bei http://sketchup.google.com als Installer heruntergeladen und ganz normal auf dem Rechner installiert. In diesem Fall handelt es sich um die kostenlose Freeware-Version **Google SketchUp 6**. Diese Version reicht für das Erstellen von 3D-Objekten und wird deshalb in dieser Studie verwendet.

Ogre-Mesh-Exporter und OgreXMLConverter

Um 3D-Objekte und deren Oberflächen (= Materialien oder Skins) auf einen realXtend-Server importieren zu können, müssen diese zunächst in das Ogre-Mesh-Format exportiert werden. Dazu ist eine Plugin-Installation in SketchUp nötig, die folgendermaßen durchgeführt wird:

Unter http://www.di.unito.it/~nunnarif/sketchup_ogre_export/ die Datei sketchup_ogre_export-v<version>.zip herunterladen und entpacken.

Im entpackten Ordner befinden sich die Dateien:
- ogre_export_<version>.rb
- ogre_export_config.rb
- backface.rb

Diese drei Dateien müssen in das Plugin-Verzeichnis von Google SketchUp kopiert werden (C:\Programme\Google\Google SketchUp_6\Plugins). Ist dieser Schritt erfolgt, muss die Datei ogre_export_config.rb editiert werden. Dieses **Ruby-Skript** enthält einige Variablen, die für den Export angepasst werden müssen. Die wichtigsten Schritte zur Anpassung sind folgende:

- Mesh-Export-Variable auf **true** setzen:

  $g_ogre_export_meshes = true

- Das Verzeichnis angeben, in dem alle xml- und mesh-Dateien gespeichert werden:

  $g_ogre_path_meshes = "c:\\tt"

- Materialien-Variable auf **true** setzen:

  $g_ogre_export_materials = true

- Das Verzeichnis angeben, an dem alle Materialien-Dateien gespeichert werden sollen:

  $g_ogre_path_materials = "c:\\tt"

- Die exportierte xml-Dateien müssen für den Import in Mesh-Binär-Dateien umgewandelt werden, wozu folgende Variable auf **true** gesetzt werden muss:

  $g_ogre_convert_xml = true

- Der dazu benötigte **OgreXMLConverter** von OgreCommandLineTools (http://www.ogre3d.org/download/tools) muss heruntergeladen und entpackt werden. Anschließend wird dazu im Ruby-Skript die Variable mit der Pfadangabe des XML-Converters gesetzt:

  $g_ogre_path_xml_converter =
  "c:\\OgreCommandLineTools\\OgreXmlConverter.exe"

4.5. Preproduktion des Prototyps

Bei der Preproduktion geht es darum einen Prototyp des KnowCube zu erstellen, zu Texturieren und auf den 3D-Server zu importieren. Somit sollten mögliche Schwachstellen bei Modellierung, Texturierung und Import aufgedeckt werden. Wie in der Analyse der Anforderungen festgestellt, wird auch untersucht, wie hoch das Gebäude tatsächlich bei der Produktion modelliert werden soll, um eine normale Kameraperspektive des Avatars gewährleisten zu können.

4.5.1. Modellierung des KnowCubes in SketchUp

SketchUp wurde zur Modellierung ausgewählt, weil es laut den Recherchen, die im Stand des Wissens beschrieben sind, ein einfaches und schnell zu erlernendes Modellierungstool darstellt, welches für Modellierung und Texturierung ausreichen sollte.

Modellierung des Cubes

Zunächst wird mit dem Rectangle-Tool ein Rechteck als Grundfläche skizziert. Dieses weist die Maße 6 * 15 Meter auf. Das Rechteck wird anschließend mit dem Push/Pull-Tool auf das Maß 4 Meter in die Höhe gezogen und hat jetzt die Form eines Quaders. Im nächsten Schritt wird der Eingangsbereich modelliert. Hierzu wird auf einer der großen Seitenflächen des Quaders direkt an der Kante ein 2,4 * 2,4 Meter großes Quadrat ausgeschnitten und die dabei entstandene Fläche mit dem Erase-Tool gelöscht (Abbildung 46). Dieses Grundgebilde sollte für einen einfachen Prototypen reichen. Um den Cube im nächsten Schritt texturieren zu können, muss zunächst eine Testtextur erstellt werden. Dies wird in Photoshop erledigt.

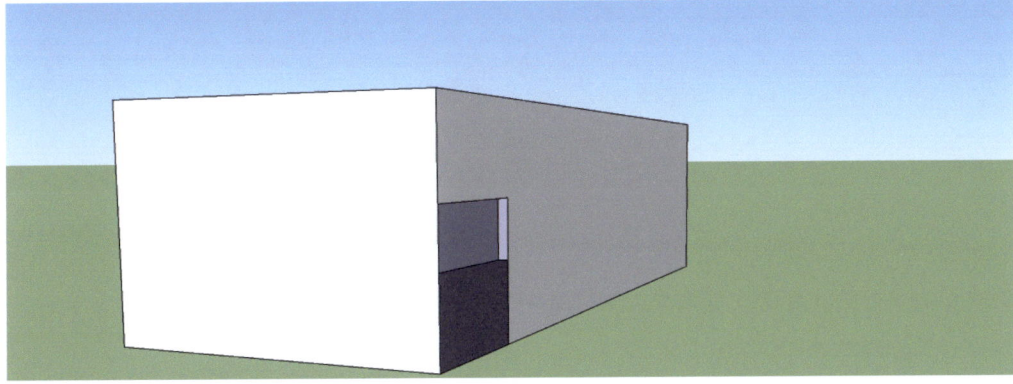

Abbildung 46: KnowCube Grundgebilde
(Quelle: Eigenproduktion)

4.5.2. Erstellen einer Testtextur in Photoshop

Zum Testen reichen zwei einfache Bilder aus: eines für die große Fläche des Cubes in dem Maßverhältnis 4:15 und ein weiteres für die kleine Cube-Fläche mit dem Maßverhältnis 4:6. Das große Bild wird in der Größe 1500 Pixel * 400 Pixel, das kleine Bild in der Größe 600 Pixel * 400 Pixel produziert, zu sehen in Abbildung 47.

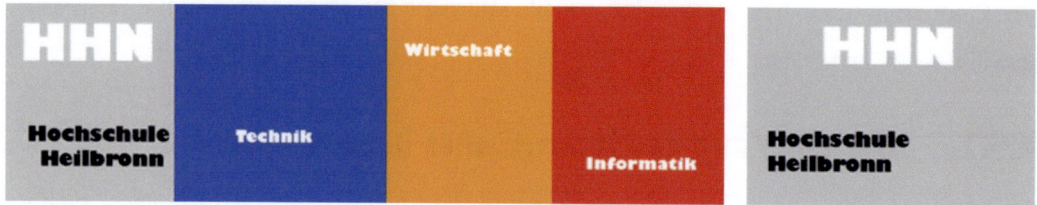

Abbildung 47: Testtexturen des KnowCubes
(Quelle: Eigenproduktion)

4.5.3. Texturierung des KnowCube in SketchUp

Um das 3D-Modell in SketchUp zu texturieren, wird mit dem Paint-Bucket-Tool ein Material erzeugt und dabei die zwei Bilder als „texture-image" importiert. Als nächstes wählt man die zu texturierende Fläche aus und weist diese dem jeweiligen Bild zu. Das Ergebnis zeigt Abbildung 48.

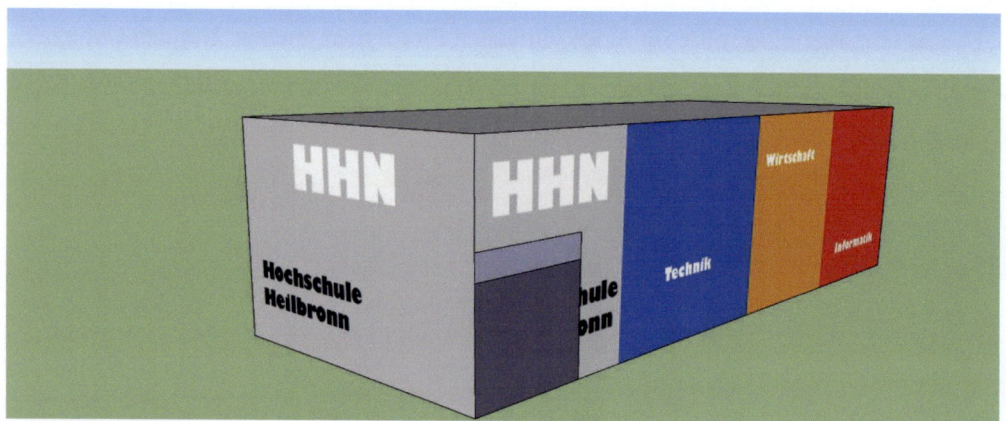

Abbildung 48: Der texturierte KnowCube-Prototyp
(Quelle: Eigenentwicklung)

4.5.4. Exportieren des KnowCubes aus SketchUp im Ogre-Mesh-Format

Bevor der Cube exportiert werden kann, muss er zu einer einzelnen Komponente zusammengefasst werden. Dazu werden alle Teilkomponenten des Cubes ausgewählt und anschließend mit dem Component-Tool das 3D-Komponentenobjekt „ModellComp1" erzeugt.

Nur wenn zuvor in SketchUp die Plugins **Ogre-Mesh-Exporter** und **OgreXMLConverter** richtig installiert wurden, kann der Export des KnowCubes und dessen Materialien in das Ogre-Mesh-Format erfolgen. Erst dann wird in SketchUp im Reiter „Tools" die Option "Export Selection To Ogre Mesh" angezeigt und kann ausgewählt werden. Man wird dabei aufgefordert den Namen der zu exportierenden Datei einzugeben und mit OK zu bestätigen und erhält eine Bestätigung, wieviele Triangles und Submeshes exportiert wurden. Hat man auch an dieser Stelle nochmals mit „OK" bestätigt, läuft der OgreXmlConverter durch und erzeugt die für den Export notwendige Mesh-Datei. In diesem Fall findet man nun im Ordner C:\\tt die Dateien Textur1.png, Textur2.png, Modell4.material, Modell4.mesh und Modell4.mesh.xml.

4.5.5. Installation des Testservers und des Testclients

Laut 3DWebVM sollte an dieser Stelle für den Datenimport eine Testumgebung installiert werden. Da es sich aber beim Import des KnowCube-Prototypen um eine kleine und einfach zu realisierende Testanwendung handelt und der normale realXtend-Server sowie der realXtend-Client bereits lokal installiert sind, wird auf eine separate Installation eines Servers und Clients zu Testzwecken verzichtet und die Testdaten im nächsten Schritt auf den normalen Server importiert.

4.5.6. Import der KnowCube-Daten auf dem Server über den Client

Starten und Einloggen
Dazu werden der realXtend-Server und der realXtend-Client gestartet. Username und Kennwort sind „testuser@127.0.0.1" und „test". Die Verbindung wird dabei im Client zum „**Authentication Server Home Grid**" hergestellt. Damit ist die initiale leere Fläche gemeint, die mit dem Blank-Server nachinstalliert wurde. Anschließend landet der Avatar

auf einer rechteckigen Fläche, auf der sich zwei große Felsen befinden. Die Fläche ist von Wasser umgeben. Um Platz für den KnowCube zu schaffen, werden die Felsen ausgewählt und gelöscht.

Mesh-Modell importieren

Die Mesh-Datei, die das 3D-Objekt in seiner Grundstruktur repräsentiert, wird im nächsten Schritt importiert. Dazu unter „Datei" die Option „Upload 3D-Modell" wählen und die Datei **Modell4.mesh** öffnen. Man wird aufgefordert dem zu importierenden Modell einen internen Namen zu vergeben. Dieser bleibt in diesem Fall Modell4. Sobald die Mesh-Datei importiert wurde, taucht im Inventar des Users im Reiter „3D Models" ein Objekt namens Modell4 auf.

4.5.7. Erstellen und Texturierung des KnowCube

Mit dem Inworld-Build-Tool wird nun ein Prim-Körper erzeugt und diesem das Modell4-Mesh-Objekt zugewiesen. Dazu wird mit dem „Erstellen"-Werkzeug ein primitiver Körper beliebig auf dem Boden plaziert. Der primitive Körper, in diesem Fall ein kleiner Würfel, wird als zu bearbeitendes Objekt ausgewählt. Im Inworld-Build-Tool existiert ein Reiter „reX". Darin wird der **Drawtype** auf „Mesh" umgestellt. Im selben Moment wird der kleine gelbe Würfel transparent. Anschließend wird der **Mesh Name** im Drop-Down-Menü auf „Modell4" eingestellt. Sofort taucht in der 3D-Welt der untexturierte KnowCube auf. Dabei ist klar zu sehen, dass der erzeugte Körper zu klein ist. Er ist in etwa so hoch wie der Avatar selbst (Abbildung 49).

Abbildung 49: Der Cube ist nach dem Import nur zwei Meter hoch (Quelle: Eigener Screenshot)

Als nächstes sollen die Texturen aufgebracht werden. Dazu werden die beiden erzeugten Bilder Textur1.png und Textur2.png mit „Bild hochladen" auf den Server hochgeladen. Im Reiter „reX" Unterordner „Materialien" werden alle zuvor texturierten Flächen als Dropdown angezeigt. Da in diesem Fall nur zwei Texturen in SketchUp aufgetragen wurden, gibt es auch nur zwei Dropdowns, bei denen die Texturbilder zugewiesen werden können. Die Texturierung an sich klappt jedoch einwandfrei wie Abbildung 50 zeigt.

Abbildung 50: Der texturierte Prototyp
(Quelle: Eigener Screenshot)

Folgende Erkenntnisse sind beim Import gemacht worden:

- Die Deckenhöhe wurde für die Kameraposition des Avatars als kritisch erachtet. Lösung: Der Import hat gezeigt, dass die Deckenhöhe kein Problem darstellt, weil die Kamera etwa 0,5 Meter über dem Avatar positioniert, der Cube jedoch vier Meter hoch ist. In Wirklichkeit ist der Innenraum des Cubes etwa einen Meter angehoben und eine Rampe führt zum Eingangsbereich. Es macht jedoch keinen Sinn dieses Detail zu modellieren, weil dann die Decke für die Kameraposition ebenfalls angehoben werden müsste.
- Der importierte Cube ist kleiner als modelliert. Lösung: Entweder im Export-Tool in SketchUp die Größenvariable für Meshes anpassen oder im Inworld-Build-Tool im Reiter „Objekt" die Größe für X-, Y- und Z-Achse jeweils auf den Wert 1,000 setzen.
- Nur zwei der vier Seiten des TestCubes konnten in realXtend texturiert werden. Lösung: Allen Flächen, die in realXtend texturiert werden sollen, müssen bereits bei der Modellierung in SketchUp Texturen zugewiesen werden.

⇘ Der Avatar kann einfach durch die Wände des KnowCubes hindurchlaufen.
Lösung: Momentan keine Lösung bekannt.

4.6. Produktion

Die Produktion konzentriert sich hauptsächlich auf die **Bildbearbeitung**, bei der die Texturen für die Flächen des Cubes erstellt werden sowie auf die **Modellierung** und **Texturierung** des Cubes.

4.6.1. Modellierung des KnowCube

Der KnowCube wird, wie der Prototyp auch, mit SketchUp entwickelt. Die Grundstruktur des Kubus wird genauso modelliert wie beim Prototypen. Dasselbe gilt für das Ausschneiden der Fläche für den Eingangsbereich. Als nächstes werden die Wände des Cubes mit einer zweiten Ebene verstärkt, damit sie Wandstärke erreichen. Dazu wird zunächst die Decke entfernt, um bei der Draufsicht besser Einblick in den Cube zu erhalten und somit effizienter arbeiten zu können. Alle vier Wände werden nacheinander kopiert und dann 0,2 Meter von der jeweiligen Außenwand entfernt wieder eingefügt. Die dabei entstandenen offenen Flächen im Eingangsbereich müssen mit dem Rectangle-Tool einfach geschlossen werden. Als nächstes werden die Innenwände des Gebäudes modelliert, indem mit dem Rectangle-Tool Ebenen eingezogen und anschließend mit dem Push/Pull-Tool auf Wandstärke gebracht werden (Siehe Abbildung 51). Das Gebäude ist soweit fertiggestellt. Bevor mit der Texturierung der Flächen sowie dem Import der Inneneinrichtung begonnen werden kann, müssen im nächsten Schritt die Texturen erstellt werden.

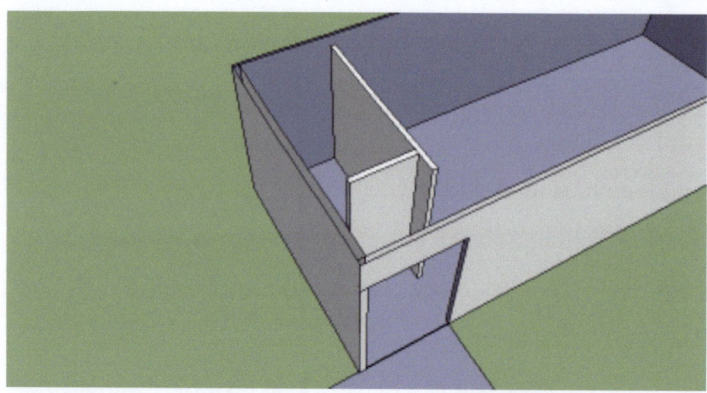

Abbildung 51: Innenwände des KnowCubes
(Quelle: Eigener Screenshot)

4.6.2. Erstellung der Texturen

Für die Texturen der Außenflächen des Cubes werden dieselben Maße und Maßverhältnisse wie beim Prototypen verwendet.

Um die Originalfarben zu erhalten, werden die Farben der Fotos in die Farbpalette von Photoshop übernommen. Das reale Design der Cubes ist einfach gehalten, so dass es nicht schwerfällt die Oberfläche mit Photoshop realistisch nachzuzeichnen. Die Ergebnisse aller vier Außenwände sind in Abbildung 52 zu sehen.

Abbildung 52: Die vier Außentexturen des KnowCubes

(Quelle: Eigenentwicklung)

4.6.3. Texturierung des KnowCubes

Die vier Außentexturen können genauso angebracht werden, wie bereits beim Prototyp ausprobiert. Dass sie sauber zusammenpassen, erkennt man an den Überschneidungen der Kanten: Farben und Linien laufen perfekt zusammen. Die Texturierung der Außenhaut scheint sehr gut funktioniert zu haben. Als nächstes muss das Gebäude von Innen texturiert werden. Die Wände sind dort in Grau und Schwarz gehalten und werden im Modell genauso nachtexturiert. Der Boden bekommt noch eine Parkett-Textur. An dieser Stelle endet die Texturierung. Deshalb kann die Decke des Cubes wieder zugezogen werden. Die nachfolgende Abbildung zeigt den fertig texturierten KnowCube.

Abbildung 53: Der KnowCube nach der Texturierung in SketchUp
(Quelle: Eigenentwicklung)

4.6.4. Import der Inneneinrichtung aus der Google 3D-Galerie

Für die Inneneinrichtung werden eine Projektionsleinwand und 15 Stühle benötigt. Bei der Vielzahl an frei verfügbaren 3D-Modellen im Internet macht eine Recherche Sinn, bevor man damit anfängt die Gegenstände mühsam selber zu modellieren. In SketchUp existiert ein direkter Link zum **Google 3D warehouse** über „File" und „Get Models…". Aus dieser Sammlung werden eine Leinwand für Präsentationen inklusive Beamer und ein Stuhl heruntergeladen und direkt in SketchUp importiert. Im Internet ist dieses Warenlager für

3D-Modelle auch über http://sketchup.google.com/3dwarehouse erreichbar. Das nachfolgende Bild zeigt die importierten Objekte.

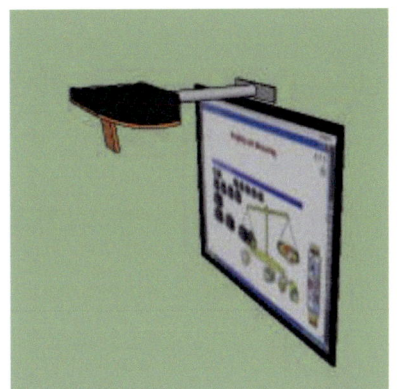

Abbildung 54: Stuhl und Beamer importiert
(Quelle: Eigene Screenshots)

4.6.5. Exportieren des KnowCubes und der Einrichtung in das Ogre-Mesh-Format

Vor dem Export muss das Gebäude, welches noch aus vielen Einzelteilen besteht, mit dem **Make-Component-Tool** zu einer Einzelkomponente zusammengefügt werden. Dazu alle Teile mit „Strg+A" auswählen sowie „Make-Component" und "OK" drücken. Dass dieser Vorgang funktioniert hat, erkennt man an dem **blauen Quader**, der nun das gesamte Gebäude umgibt. Diese Komponente kann nun, wie beim Prototyp gehabt, mit dem Tool „Export Selection to Ogre Mesh" exportiert werden. Das dabei entstehende Mesh-Objekt hat 250 Triangles und 10 Submeshes. Folgende Dateien stehen nach einem erfolgreichen Export am Speicherort bereit:

- Textur_Parkett_Boden.jpg
- Textur_Cube_Seite1.png
- Textur_Cube_Seite2.png
- Textur_Cube_Seite3.png
- Textur_Cube_Seite4.png
- Modell5E.material
- Modell5E.mesh
- Modell5E.mesh.xml

Der Export des Stuhls und des Beamers werden auf die gleiche Art durchgeführt.

4.7. Postproduktion

Die Postproduktion kümmert sich laut 3DWebVM vorrangig um die **Assamblage** der 3D-Welt. Dazu gehören der **Import** aller 3D-Objekte und ihrer Texturen auf den 3D-Server sowie der **Zusammenbau** der 3D-Welt.

4.7.1. Import der 3D-Objekte auf den 3D-Server

Mit „Upload 3D Model" werden zunächst die Mesh-Objekte von KnowCube, Stuhl und Beamer auf den 3D-Server importiert. Im nächsten Schritt werden drei Prims erzeugt und jedem Prim eines der drei Meshes über den Ordner „reX" zugewiesen. Da laut Anforderungen 15 Stühle bereitstehen sollen, wird der zugewiesene erste Stuhl ins Inventar als Objekt gespeichert und kann anschließend viel schneller per Drag & Drop in die Welt eingestellt werden.

4.7.2. Import der Texturen und Texturierung der 3D-Objekte

Dazu werden mit „Bild hochladen…" alle notwendigen Texturen für Cube, Stuhl und Beamer hochgeladen. Die Texturen werden, genau wie beim Test-Cube, auf die Oberflächen der jeweiligen Objekte aufgebracht, in der Fachsprache „Skinning" genannt. Der KnowCube hat nun zehn Texturen aufzuweisen, der Beamer sechs und der Stuhl vier. Beim Skinning des Cubes fällt auf, dass die Flächen, denen bei der Modellierung eine graue Textur zugewiesen wurde, in der virtuellen Welt nicht automatisch grau sind. Deshalb muss eine einfache Graufläche als Bild erstellt und nachgeladen werden. Das Skinning des Beamers gestaltete sich einfach. Auch hier sind die originalen Texturen durch den Export ins Mesh-Format verloren gegangen. Doch reichten Metalloberflächen aus dem Basis-Inventar des realXtend-Servers aus um den Beamer realitätsnah zu texturieren. Auch beim Stuhl wurden fehlende Oberflächen durch Chrom-glänzende Texturen aus dem Inventar ersetzt.

4.7.3. Assemblieren der 3D-Welt

Nun wird die 3D-Welt zusammengebaut. Dazu werden der Beamer und die 15 Stühle im KnowCube an die richtige Position gebracht.

Beim Beamer zeigte sich der Vorteil der Skalierbarkeit von Objekten in der 3D-Welt. War dieser im Originalmaß relativ klein, so konnte er mit den Build-Werkzeugen ohne Verzerrung in die gewünschte Größe gebracht werden.

Der Aufbau der Stuhlreihen gestaltet sich sehr zeitintensiv, da jeder einzelne Stuhl gedreht und verschoben werden muss und eine Gruppierung nicht möglich ist. Die Prims der einzelnen Stuhl-Objekte lassen sich auch nicht so einfach auswählen. Man muss mehrfach auf den Stuhl klicken, bis der Prim ausgewählt ist und bearbeitet werden kann. Auch dies ist ein Zeitfresser.

Die nachfolgenden **Bilder** zeigen die fertig zusammengebaute 3D-Welt. Die Phase der Postproduktion ist an dieser Stelle abgeschlossen.

Abbildung 55: Fertiger KnowCube (Frontansicht)
(Quelle: Eigener Screenshot)

Abbildung 56: Fertiger KnowCube (Rückseite)
(Quelle: Eigener Screenshot)

Abbildung 57: Fertiger KnowCube (Eingangsbereich)
(Quelle: Eigener Screenshot)

Abbildung 58: Innenraum des fertigen KnowCubes
(Quelle: Eigener Screenshot)

4.8. Erprobung und Auslieferung

Diese Phase des Vorgehensmodells testet die **Software**, die entwickelt wurde, in diesem Fall das 3D-Web-Interface. Darüber hinaus werden die **Inhalte der 3D-Welt** überprüft und festgestellt, ob der Cube den Anforderungen eines 3D-virtuellen Meetingraumes gerecht wird.

4.8.1. Validierung der Software

Die Validität der Software besteht in diesem Fall in der Prüfung der korrekten Funktion der **Schnittstelle** zwischen Web-Application-Server und 3D-Server. D. h. der programmierte Zugriff der Web-Anwendung auf den realXtend-Server muss einwandfrei funktionieren. Für den Test wurde bei der Implementierung eine Funktion geschaffen, welche, sobald auf dem Application-Server ausgeführt, in der 3D-Welt den Aufruf „**Hallo 3D-Welt!**" auf dem Bildschirm ausgibt.

Dazu wird der Application-Server (XAMPP) gestartet und in dessen Unterverzeichnis htdocs die beiden programmierten Dateien useRemoteAdmin.php und use.php eingefügt. Dabei beinhaltet useRemoteAdmin.php die Klasse useRemoteAdmin und use.php den Aufruf des Klassen-Konstruktors sowie die Ausführung des Aufrufes „Hallo 3D-Welt!" durch die Funktion admin_broadcast.[128]

Auch der realXtend-Server wird für den Test ganz normal gestartet.

Wenn beide Server laufen, wird im Web-Browser als nächstes die Datei localhost/use.php aufgerufen um die Funktion auszuführen.

An dieser Stelle zeigt sich, dass der PHP-Code noch ein paar kleine Fehler aufweist, die jedoch unter Zuhilfenahme der PHP-Dokumentation (www.php.net) korrigiert werden können. Leider passiert aber nach dieser Fehlerkorrektur immer noch nichts auf dem 3D-Server.

Zunächst wird daher überprüft, ob der geparste XML-Code korrekt dargestellt wird, indem dieser mit der Funktion echo $xml; ausgegeben wird. Das Ergebnis zeigt: Der generierte Code weist keinerlei Fehler auf.

Also wird im nächsten Schritt die PHP-Funktion error_reporting() vom Wert 0 auf E_ALL umgestellt, damit alle auftretenden Fehler ausgegeben werden. Diese Einstellung liefert folgenden Error-Code:

„**Warning**: fsockopen() [function.fsockopen]: unable to connect to localhost:9000 (Ein Verbindungsversuch ist fehlgeschlagen, da die Gegenstelle nach einer bestimmten Zeitspanne nicht ordnungsgemäß reagiert hat, oder die hergestellte Verbindung war fehlerhaft, da der verbundene Host nicht reagiert hat.)"

Wie es aussieht, funktioniert die Verbindung zum 3D-Server nicht. Die Funktion fsockopen() scheint das Socket des 3D-Servers nicht ansprechen zu können. Da dabei die

---

[128] Siehe dazu den Quellcode aus Kapitel 4.4.1 „Programmierung der 3D-Web-Schnittstelle", insbesondere Abbildung 45.

Schnittstelle RemoteAdmin angesprochen wird, scheint diese deaktiviert zu sein. Ein Blick in die Initialisierungs-Datei des realXtend-Servers (OpenSim.ini) liefert die Antwort: Dort ist der Zugriff auf RemoteAdmin deaktiviert ([RemoteAdmin] enable=False). Dieser Wert wird auf True gesetzt, der 3D-Server neu gestartet und use.php erneut ausgeführt. Diesmal funktioniert der Aufruf: Das ausführende Shell-Fenster des OpenSim-Servers zeigt, wie in Abbildung 59 zu sehen, den Admin-Befehl „Hallo 3D-Welt!" an. Auch der neu gestartete 3D-Client zeigt beim erneuten Versuch den Ausruf in der 3D-Welt (siehe Abbildung 60). Die Verbindung zwischen dem Web-Application-Server und dem 3D-Server ist hergestellt und die dabei erzeugte Software somit als valide einzustufen.

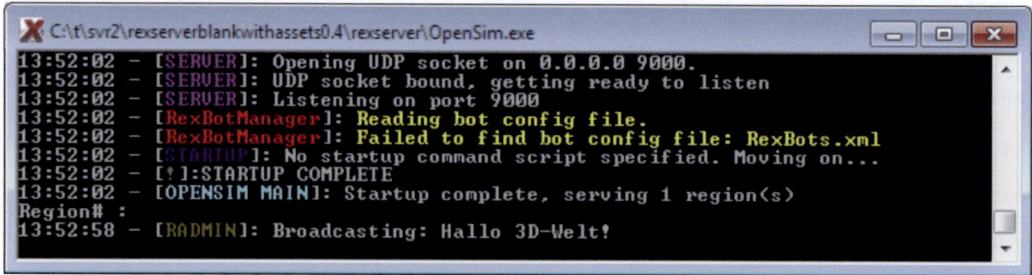

Abbildung 59: Broadcasting: Hallo 3D-Welt!
(Quelle: Eigener Screenshot)

Abbildung 60: "Hallo 3D-Welt!" wird im 3D-Client ausgegeben.
(Quelle: Eigener Screenshot)

4.8.2. Überprüfung der Inhalte der 3D-Welt

Die Inhalte sind wie gewünscht alle vorhanden:
- der KnowCube im Originalmaß auf einer Open Source-verfügbaren 3D-Plattform,
- eine Präsentationsleinwand und
- 15 Sitzgelegenheiten in Form von fünf mal drei Stuhlreihen.

Der Test der Sitzgelegenheit bringt jedoch eine Schwachstelle ans Tageslicht: Versucht man sich mit dem Avatar auf einen der Stühle zu setzen, so steigt der Avatar zunächst beim Zubewegen auf den Stuhl über eine unsichtbare Box, um sich anschließend auf die Kante dieser Box neben den Stuhl zu setzen. Schnell wird klar, dass diese unsichtbare Box der zu Beginn erstellte Prim in Form eines Würfels ist. Mesh- und Prim-Objekt müssen daher irgendwie zentriert werden. Dieser Fehler soll vor der Auslieferung nachgebessert werden.

Um einem Mesh-Objekt die richtige Positionierung zu geben, wird das RexMeshTool von realXtend benötigt. Darin wird in der Commando-Zeile zunächst zum Verzeichnis, in dem sich die Mesh-Datei des Stuhls befindet, navigiert:

C:\tt\Chair>

Dann wird das Mesh-File bearbeitet:

C:\tt\Chair>rexmeshtool Chair1.mesh

Es öffnet sich ein Fenster, bei dem nach dem **Rendering-Subsystem** gefragt wird. Ob man OpenGL oder DirectX wählt, ist nicht von Bedeutung. Danach öffnet sich das RexMeshTool und der Stuhl ist in 3D zu sehen. Um später das Mesh-Objekt zentral in den Prim setzen zu können, muss der Null-Punkt der Koordinatenachsen im Objekt zentral plaziert werden. Das wird erreicht, indem man die Werte für X-, Y- und Z-Align alle auf „Center" stellt (siehe Abbildung 61). Anschließend wird das Mesh-Objekt des Stuhls gespeichert und wie gehabt in die 3D-Welt importiert.

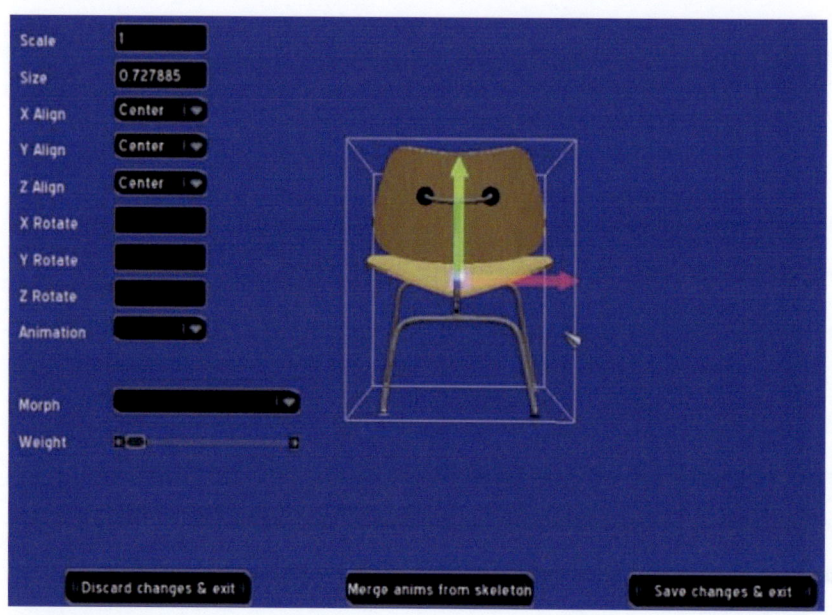

**Abbildung 61: Zuweisung des Koordinatenursprungs im RexMeshTool
(Quelle: Eigener Screenshot)**

Es ist wichtig, dass der Prim, welcher für das Mesh-Objekt erstellt wird, die Maße des Stuhls bekommt, bevor das Mesh-Objekt zugewiesen wird. Danach muss nur noch im Ordner „reX" der Haken bei „Scale Mesh to Prim" ausgewählt werden und der Stuhl hat die gewünschte Größe erreicht. Somit ist das Problem behoben, welches die Avatare über unsichtbare Prims hochsteigen lässt.

Damit ist auch klar geworden, wie sich das Problem, bei dem der Avatar einfach durch die Wände des Cubes geht, beheben lässt. Alle zu importierenden Objekte müssen vor dem Import auf den 3D-Server mit dem RexMeshTool bearbeitet werden. Dabei muss der Ursprung der Koordinatenachsen, wie auch beim Stuhl, bei allen Achsen auf „Center" gestellt werden. Anschließend müssen die Prims vor der Zuweisung der Mesh-Objekte auf die tatsächlichen Maße der Modelle gebracht werden und zum Schluss der Haken bei „Scale Mesh to Prim" gesetzt werden.

Aber wie lässt man die Avatare auf den Stühlen richtig Platz nehmen, wie in Abbildung 62 dargestellt? Dazu bedarf es beim aktuellen Entwicklungsstand eines umständlichen Workarounds: Zunächst muss im **RexMeshTool** der Y-Align-Wert des Stuhl-Mesh-Objektes auf „Max" eingestellt werden. Der Stuhl wird anschließend importiert und dem gleichgroßen Prim zugewiesen. Dabei schwebt er zunächst in der Luft. Der Prim kann aber im nächsten Schritt mit dem Positionswerkzeug in der   Y-Achse nach unten gezogen werden, bis die Stuhlbeine den Boden berühren. Soll sich schließlich der Avatar korrekt auf den Stuhl setzen, muss er von hinten an den Stuhl herantreten und dann nach einem Rechtsklick auf den Stuhl die Option „**Sit here**" auswählen.

Abbildung 62: Avatar nimmt auf dem Stuhl Platz
(Quelle: Eigener Screenshot)

Mit dieser letzten Korrektur an der Positionierung und Undurchlässigkeit der 3D-Objekte sind die Inhalte der 3D-Welt, wie vom Vorgehensmodell vorgesehen, getestet und verbessert worden. Die entwickelte 3D-Welt und die Software für den Application-Server sind valide und können somit ausgeliefert werden. Damit endet auch das Umsetzungsbeispiel am KnowCube der HHN.

5. Fazit

5.1. Lessons learned

Nachfolgend sind die konkreten Erfahrungen zusammengetragen, die bei der Umsetzung des KnowCube-Projektes gemacht wurden.

Während der Analyse der Anforderungen:

- Bei der Erstellung von virtuellen 3D-Informationssystemen macht es beim derzeitigen unausgereiften Entwicklungsstand der 3D-Web-Technologien mehr Sinn nach dem Paradigma „Business follows Technology" zu entwickeln.
- Sichere 3D-Welten sind im Open Source-Bereich mit dem Standalone-Modus einfach zu realisieren und können bei Bedarf auf den Grid-Modus umgestellt werden.
- Die beste Ausstattung der 3D-Server und die größte Entwicklungsgemeinde bieten im Open Source-Bereich die Plattformen OpenSim und realXtend.
- Zur Steuerung des 3D-Servers aus externen Anwendungen heraus kann die Schnittstelle RemoteAdmin bei OpenSim und realXtend genutzt werden.

Während der Entwurfsphase:

- Das Interface RemoteAdmin arbeitet mit XML-RPC und kann extern über HTTP angesprochen werden. Daher muss seitens des Application-Servers eine Schnittstelle geschaffen werden, die in XML-Notation Funktionen des 3D-Servers über RemoteAdmin aufruft und zurückkommende Antworten parst. Diese Schnittstelle kann in beliebigen Skript- oder Programmiersprachen entwickelt werden.

Bei der Implementierung:

- Dank der Komplexitätsreduktion durch Klassen- und Komponentendiagramm lässt sich die Schnittstellen-Klasse useRemoteAdmin relativ rasch programmieren. Auch Internetquellen wie (The New World Grid Regents, 2008) helfen bei der Programmierung und anschließenden Fehlerbehebung.
- Die bei der Implementierung vorgesehene Installation von 3D-Tools und deren Plugins für alle drei Produktionsphasen ist in der Phase der Implementierung falsch plaziert. Die Tools müssen bereits am Beginn der Preproduktion bereitstehen um die Parallelität der Produktionsphasen und der Softwareentwicklung zu wahren, wie sie im 3DWebVM vorgesehen ist.

- Wenn ein realXtend-Server verwendet wird, dann ist es sinnvoll, von Beginn an die Blank-Server-Variante zu installieren.

Bei der Preproduktion:

- Es lohnt sich einen Prototyp zu erstellen, weil dadurch alle Tools, Plugins, Handgriffe und Workflows, die für die Produktion der 3D-Welt notwendig sind, erarbeitet werden.
- Mit SketchUp lassen sich schnell und einfach 3D-Modelle bauen und texturieren.
- Bei kleinen Projekten lohnt sich die Installation von Test-3D-Server und -Client nicht.
- Die Tool-Chain, mit der 3D-Objekte in der 3D-Welt zusammengebaut und texturiert werden, ist sehr umständlich und zeitintensiv.
- Importierte 3D-Modelle sind nicht wie bei der Modellierung dimensioniert und müssen nachbearbeitet werden.
- Alle Flächen, die in der 3D-Welt texturiert werden sollen, müssen bereits bei der Modellierung in SketchUp texturiert werden.
- Die Zuweisung eines Meshes zu einem Prim bedeutet nicht automatisch, dass der Mesh auch ein undurchlässiges Objekt der 3D-Welt wird.

Bei der Produktion:

- Im Internet ist eine Vielzahl von freien 3D-Modellen verfügbar. Deshalb macht es Sinn vor der Modellierung nach Objekten zu suchen. Die meisten freien 3D-Modelle sind für 3dsMax und SketchUp vorhanden.
- Die erzeugten Mesh-Objekte werden direkt nach dem Export aus dem Modelling-Tool mit dem RexMeshTool nachbearbeitet. Dabei wird der Nullpunkt der Koordinatenachsen zentral in das erzeugte Objekt plaziert, um eine optimale Plazierung in der 3D-Welt zu erzielen.
- Beim Modellieren werden alle Inneneinrichtungsgegenstände, deren Position sich nicht mehr ändert, am Gebäude befestigt. So erspart man sich später mühsames Positionieren mit dem unhandlichen Inworld-Build-Tool.

Bei der Postproduktion:

- Wird ein fertiges 3D-Modell in der virtuellen Welt mehrfach benötigt, ist es sinnvoll dieses in das Inventar aufzunehmen.
- Flächen, denen bei der Modellierung in SketchUp eine Farbe anstatt einer Textur zugewiesen wird, verlieren diese Farbe beim Export durch das RexMeshTool.

- Es ist besser, bereits den 3D-Welt Prototyp mit den Innenwänden und der Bestuhlung zu modellieren, um aus der Avatarperspektive die Blickwinkel und Sitzpositionen besser planen zu können.
- Die Assemblierung der 3D-Welt ist auch bei wenigen Objekten sehr zeitintensiv. Deshalb sollte dafür besonders viel Zeit in der Projektphase der Postproduktion veranschlagt werden.
- In der 3D-Welt werden zuerst alle Prims nacheinander aufgebaut, skaliert und positioniert. Erst dann werden alle Meshes importiert und zugewiesen.
- Solange die Zentrierung der Objekte beim Export von Modellen in das Mesh-Format nicht automatisch erfolgt, muß die Bearbeitung mit dem RexMeshTool in den Workflow als Zwischenschritt vor dem Import in die 3D-Welt aufgenommen werden.

Bei der Erprobung:

- Die RemoteAdmin-Funktion admin_broadcast eignet sich gut für einen Schnittstellentest zwischen Web-Application-Server und 3D-Server.
- Wenn der 3D-Server über RemoteAdmin nicht anspricht, müssen die Zugangsdaten zum Server überprüft und die Zugriffskontrolle in der Initialisierungsdatei des Servers aktiviert werden.
- Positionierung und Undurchlässigkeit von Mesh-Objekten lassen sich durch ein Workaround, wie in Kapitel 4.8 „Erprobung und Auslieferung" beschrieben, optimieren.

Sonstige Erfahrungen:

- Möchte man sich ein kompliziertes und zeitraubendes Workaround ersparen, empfiehlt es sich Hocker anstatt Stühlen als Sitzgelegenheiten zu verwenden, da sich Avatare immer auf die Oberfläche des Prims setzen. Am einfachsten ist das Erstellen eines Würfel- oder Zylinder-Prims als Sitzgelegenheit.
- Google SketchUp und das Ogre-Mesh-Plugin sind kostenlose Werkzeuge und bilden mit dem OgreXMLConverter und dem RexMeshTool eine mächtige, wenn auch umständliche Tool-Chain für den Export von Mesh-Dateien. SketchUp glänzt darüber hinaus auch mit seiner Einfachheit bei der Erstellung von 3D-Objekten.
- Es ist besser einen Rechner zu verwenden, der mit sehr guten Einzelkomponenten ausgestattet ist. Um flüssig arbeiten zu können, sollten bei CPU, RAM und Grafikkarte nur die neuen Modelle verwendet werden. Vor allem die Grafikkarte ist

bei gleichzeitigem Betrieb von 3D-Server, 3D-Client und Modellierungsprogramm die erfolgskritische Komponente.
- Modellierung und Texturierung müssen immer doppelt durchgeführt werden: in SketchUp und nochmals in der 3D-Welt.

5.2. Abgeleitete Erkenntnisse bezüglich des 3DWebVM

Was die Aufteilung der Phasen des Vorgehensmodells betrifft, so wurde diese durch das Praxisbeispiel in ihrer Grundstruktur bestätigt. Vor allem die Aufteilung in die drei Produktionsphasen hat sich als sehr hilfreich erwiesen. Dabei wird in der Preproduktion unter anderem der Prototyp der 3D-Welt entwickelt, bei dem man sehr viel lernt, vor allem was den Workflow und die Gestaltung der 3D-Welt betrifft. Dieses Wissen ist für die nächsten beiden Phasen der Produktion und Postproduktion sehr wichtig, weil diese keine iterativen Phasen sind. Daher hilft diese Aufteilung Kosten und Zeit im 3D-Web-Projekt zu sparen.

Was die Betrachtung und Einbindung der konkreten Vorgehensmodelle anbelangt, so hat sich gezeigt, dass die Einbindung des Workflows nach Höhl in der Phase der Produktion ein voller Erfolg war. Alle dabei besetzten Arbeitspakete waren im Einsatz.

Eine weitere Erkenntnis kam durch die Komplexitätsreduktion in der Entwurfsphase, welche durch die UML-Diagramme (Klassen- und Komponentendiagramm) realisiert wurde. Diese Reduktion war hilfreich bei der Programmierung der Schnittstelle und hat daher gezeigt, dass zumindest das referenzierte Modell der UML-Methode beim 3DWebVM problemlos angewendet werden kann.

5.3. Verbesserungsvorschläge für das 3DWebVM

Nach den konkreten Lernerfahrungen aus dem Projekt wird in diesem Kapitel betrachtet, welche Rückschlüsse sich auf das beim Projekt verwendete 3DWebVM ziehen lassen. Diese Betrachtung geschieht anhand des theoretischen Phasenmodells, zu sehen im Anhang in der Abbildung 63.

Phase a: Aufgabendefinition

Hier hat sich gezeigt, dass die Aufnahme von Visualisierungsanforderungen überflüssig ist, denn die einzige Visualisierungsform beim neuen Modell ist die 3D-Visualisierung.

Phase b: Anforderungsanalyse Software & Medien

Das Arbeitspaket der Anforderungskontrolle bezüglich der Visualisierungsformen ist ebenfalls überflüssig, weil das VM nur die 3D-Visualisierungsform nutzt.

Wie das Praxisbeispiel gezeigt hat, macht es bereits bei der Anforderungsanalyse Sinn einen Vorschlag für die zu verwendende 3D-Plattform zu machen.

Phase c: FIV-Spezifikation

Weil in den Phasen davor die Visualisierungsform entfällt, muss selbige in dieser Phase auch nicht mehr festgelegt werden. Allerdings sollte die zu verwendende 3D-Plattform bei der FIV-Spezifikation festgelegt werden. Übrigens müsste die Phase auch in FI-Spezifikation umbenannt werden, weil ja die Visualisierungsformfestlegung als Arbeitspaket entfällt.

Phase d: Entwurf

Diese Phase passt inhaltlich gut und wird nicht verändert.

Phase e: Implementierung

Es war festzustellen, dass die bei der Implementierung vorgesehene Installation von 3D-Tools, welche bei allen drei Produktionsphasen eingesetzt werden, deutlich zu spät kommt. Dieses Aufgabenpaket sollte daher besser in der Phase der Preproduktion als erster Schritt durchgeführt werden.

Phase d2: Preproduktion

Das Arbeitspaket „Interface festlegen" wurde nicht benötigt, denn das Interface ist in diesem Fall die 3D-Plattform. Und wie bereits festgestellt wurde, macht es mehr Sinn die Festlegung der 3D-Plattform bereits während der Spezifikation vorzunehmen. Auch das Arbeitspaket „Interaktivität planen" scheint überflüssig zu sein, weil in der 3D-Welt die Formen der Interaktivität bereits festgelegt sind und vom Client vorgegeben werden.

Wie bei der Implementierung erwähnt, sollte als allererste Aufgabe die Installation der 3D-Tools bei der Preproduktion erfolgen.

Die Recherche wiederverwendbarer 3D-Modelle im Internet wäre als Arbeitspaket in dieser Phase zu empfehlen, bevor man selbst anfängt 3D-Modelle zu erstellen.

Es hat sich in der Praxis gezeigt, dass der 3D-Welt-Prototyp viel umfangreicher gestaltet werden sollte, um bei der Produktion weniger Fehler zu machen und somit viel Zeit und Geld zu sparen. Deshalb sollte das Arbeitspaket „Prototyp bauen" besser „umfangreichen Prototyp bauen" heissen.

Phase e2: Produktion

Diese Phase bedarf keiner Optimierung. Die Arbeitspakete des Workflow nach Höhl haben sich bewährt.

Phase f2: Postproduktion

Bei der Postproduktion wurden die Aufgaben Mastering, Mischen und Schnitt nicht benötigt. Diese scheinen nur im Zusammenhang mit Audio- oder Video-Formaten notwendig zu sein.

Es hat sich gezeigt, dass die Assemblierung der 3D-Welt in dieser Phase, auch bei nur wenigen Objekten, sehr zeitintensiv war. Deshalb sollte dafür besonders viel Zeit veranschlagt werden.

Phase g: Erprobung und Auslieferung

In dieser Phase fehlt das Arbeitspaket „Überprüfung der 3D-Welt-Inhalte". Das Arbeitspaket „Bereitstellung der Medien" kam nicht zum Einsatz, weil alle benutzten Medien in der 3D-Welt verbaut wurden und die assemblierte 3D-Welt folglich das einzige Medium bleibt. Als letzter Arbeitsschritt in dieser Phase könnte jedoch die „Auslieferung des 3D-Web-Softwaresystems" benannt werden.

An dieser Stelle enden die Verbesserungsvorschläge für das neue Modell.
Fraglich ist, ob es Sinn machen würde, diese Vorschläge in das Vorgehensmodell einzuarbeiten. Dazu sollte man sich die Entwicklung dieses Modells veranschaulichen: Das 3DWebVM ist nach den Beschreibungskriterien des Vorgehensmodellkataloges ein Referenzmodell. Dies wurde in Kapitel 3.2.5 ausführlich dargestellt. Dabei wurde das Modell aus der Theorie kommend „top-down" entwickelt, indem allgemeine Phasen von Web Engineering und Multimedia-Produktion betrachtet wurden. Laut Fettke und Loos[129] gibt es aber auch Methoden der Referenzmodellierung, bei denen das Referenzmodell „bottom-up", d. h. aus der praktischen Anwendung heraus, entwickelt und optimiert wird. Da also nachweislich ein Referenzmodell vorhanden ist, welches aus dem Anwendungsbeispiel heraus verbessert werden kann, wird das theoretisch entwickelte Phasenmodell aus Abbildung 63 anhand der Verbesserungsvorschläge zum Abschluß überarbeitet. Das Ergebnis ist in Abbildung 64 im Anhang zu sehen und heißt „**Praktisch angepasstes Phasenmodell**".

5.4. Ausblick

Die stattfindenden Umbrüche im 3D-Internet sind nur ein Teil der Entwicklungen der voranschreitenden Immersion im Internet. Die Verschmelzung von echter und virtueller Welt schreitet weiter voran, was u. a. Quellen wie (3DTLC.net, 2009) belegen. Die technologische Entwicklung des 3D-Internet befindet sich noch relativ am Anfang. Das

---

[129] Vgl. in (Fettke, et al., 2002), S. 10 ff.

Interesse daran ist jedoch so groß, dass mit einer schnellen und stetigen Weiterentwicklung gerechnet werden kann. Genügend Ressourcen in Form von Open Source-Plattformen und Modelling-Tools stehen bereit. Auch die Netzwerke und Hardware-Komponenten werden schneller und besser, was eine der Grundvoraussetzungen für ein immersives 3D-Internet sein wird.[130] Eine der wichtigsten Aufgaben wird es sein, die Schnittstelle zwischen 3D-Modellierung und 3D-Plattform zu verbessern. Hier existieren leider noch zu viele Bruchstellen.

Weitere Entwicklungen im 3D-Internet lässt die Vision der IBM erkennen.[131] Danach geht das zukünftige Internet weg von der Anonymität hin zu mehr Transparenz. Keiner surft mehr anonym durch das Netz. Weiter werden sich virtuelle Welten untereinander verbinden und man wird in der Lage sein mit einem Standard-Browser durch diese Welten zu surfen. Auch wird es laut IBM mehr 3D-Inhalte im Internet geben und die Entwicklung offener Standards wird somit zur Interoperabilität zwischen den virtuellen Welten beitragen.

Eine Vorhersage, ob sich das **3D-Web** in Form eines Web-Browser-basierten 3D-Internet durchsetzen wird, oder das **Web-3D** in Form eines Netzwerks von verbundenen 3D-Welten, bei denen man über **Hyper-Grid-Links**[132] zwischen den Welten navigiert, wäre reine Spekulation. Wahrscheinlich ist eine Mischung aus beiden Formen. Wenn man die Tatsache heranzieht, dass die Erfolge der Internet-Industrie hauptsächlich auf dem Web-Browser als GUI beruhen und deshalb die Interessen immer im Kontext dieser Schnittstelle verfolgt werden, ist davon auszugehen, dass die Tendenz eher zu einem 3D-Web geht. Was aber heisst das für die zukünftigen Vorgehensmodelle, die im 3D-Internet genutzt werden? Das einzig sichere ist, dass die Parallelität von Softwareentwicklung einerseits und Produktion der 3D-Inhalte andererseits gewahrt werden wird, denn dies entspricht der klassischen Arbeitsteilung von Kreativen und Softwareentwicklern, die immer beide bei einer Entwicklung von 3D-Web-Anwendungen involviert sind. Das heisst folglich auch: Das bei dieser Studie entwickelte 3DWebVM wird als Referenzmodell zur systematischen Erzeugung webbasierter 3D-Welten auch in Zukunft Verwendung finden.

---

[130] Vgl. (Wittkopp, 2008), S. 13
[131] Vgl. (Ebenda), S. 13
[132] Vgl. (Opensimulator.org, 2009), WWW

Literaturverzeichnis

3Di Inc. 2009. 3Di OpenSim Offical Website. *3Di OpenSim.* [Online] 2009. [Zitat vom: 7. Mai 2009.] http://3di-opensim.com/en/.

3DTLC.net. 2009. Hints from Intel About the Future Immersive Internet. *3D Training, Learning and Collaboration.* [Online] 14. Juli 2009. [Zitat vom: 6. August 2009.] http://www.3dtlc.net/2009/07/hints-from-intel-about-the-future-immersive-internet.html.

Ablonskis, Linas. 2007. A suggestion for improvement of program code generators. *Proceedings of the 6th International Conference on Perspectives in Business Information Research - BIR'2007.* [Online] 13. September 2007. [Zitat vom: 12. Mai 2009.] http://citeseerx.ist.psu.edu/viewdoc/download?doi=10.1.1.97.8617&rep=rep1&type=pdf#page=6.

Agarwal, Bharat Bhushan und Tayal, Aumit Prakash. 2007. *Software Engineering.* 1. New Delhi : Laxmi Publications, 2007.

Allweyer, Thomas. 2005. *Geschäftsprozessmanagement.* Witten : W3L, 2005.

Anforderungen dürfen nicht nur am Projektbeginn stehen. **Stücka, Renate. 2006.** 1-2, s.l. : Computer Zeitung, 2006.

Bechberger, Jan. 2006. Von 2D-Strichzeichnungen zu 3D-Modellen – für professionelle Anwender. *softsonic.de.* [Online] 28. April 2006. [Zitat vom: 28. Mai 2009.] http://google-sketchup.softonic.de/.

Beckmann, Helmut. 2008. *eClassification - Eine Methodik zur referenzmodellbasierten Entwicklung varianter Produktklassifikationen.* Baden-Baden : Nomos Verlagsgesellschaft, 2008.

Benninger, Luc. 2003. Agile software development. *Universität Zürich - Institut für Informatik.* [Online] 20. Februar 2003. [Zitat vom: 1. Mai 2009.] http://www.ifi.uzh.ch/richter/Classes/sem_cutting_edge/Summary_agile.pdf.

Blender.org. 2009. File Format List. *Blender.org.* [Online] 2009. [Zitat vom: 5. Mai 2009.] http://www.blender.org/index.php/file_format_list.

Cockburn, Alistair. 2003. *Agile Software-Entwicklung.* 1.Auflage. Bonn : mitp-Verlag, 2003.

Deutsches Wortschatz-Lexikon. 2006. Wortschatz-Lexikon. *Universität Leipzig.* [Online] 2006. [Zitat vom: 27. Juli 2009.] http://wortschatz.uni-leipzig.de/cgi-bin/wort_www.exe?site=1&Wort=Horizont.

Dumke, Reiner, et al. 2006. *Web Engineering.* München : Pearson Studium-Verlag, 2006.

Fettke, Peter und Loos, Peter. 2002. Methoden zur Wiederverwendung von Referenzmodellen - Übersicht und Taxonomie. *Referenzmodellierung 2002 - Methoden -*

Modelle - Erfahrungen. 2002, Bd. Tagungsband zur 6. Fachtagung Referenzmodellierung 2002.

Fettke, Peter und Loos, Peter. 2004. Referenzmodellierungsforschung. *Wirtschaftsinformatik*. 2004, Bd. 46, 5.

FileFormat.info. 1996. Wavefront OBJ File Format Summary. *FileFormat.info*. [Online] 1996. [Zitat vom: 29. Mai 2009.] http://www.fileformat.info/format/wavefrontobj/egff.htm.

Fowler, Martin und Highsmith, Jim. 2001. The Agile Manifesto. *Dr. Dobb's*. [Online] 1. August 2001. [Zitat vom: 1. Mai 2009.] http://www.ddj.com/architect/184414755.

Frisby, Adam. 2008. GoogleSummerOfCode. *OpenSimulator.org*. [Online] 2008. [Zitat vom: 29. Mai 2009.] http://opensimulator.org/wiki/GoogleSummerOfCode.

Gartner Inc. 2009. Research Methodologies. *Gartner*. [Online] 2009. [Zitat vom: 7. Mai 2009.] http://www.gartner.com/it/products/research/methodologies/research_hype.jsp.

Gläser, Martin. 2008. *Medienmanagement*. München : Verlag Franz Vahlen GmbH, 2008.

Google Inc. 2009. O3D API. *Google Code Labs*. [Online] 2009. [Zitat vom: 7. Mai 2009.] http://code.google.com/intl/de-DE/apis/o3d/.

Google SketchUp. 2009. Google SketchUp Pro 6. *Google SketchUp*. [Online] 2009. [Zitat vom: 28. Mai 2009.] http://sketchup.google.com/product/gsup.html.

Gröschel, Michael. 2007. Lehre - Softwarelebenszyklus. *Prof. Dr. Michael Gröschel, Consulting Hochschule Heilbronn*. [Online] September 2007. [Zitat vom: 9. Oktober 2007.] http://taxxas.com/hhn/lehre.php.

Gröschel, Michael. 2004. Basistechnologien zur Realisierung von Electronic Customer Care. [Buchverf.] Michael Gröschel und Sonja-Maria Salmen. *Handbuch Electronic Customer Care*. Heidelberg : Physica-Verlag, 2004.

Herzog, Michael A. 2009. *Prozessgestaltung in der Medienproduktion*. 1. Ausgabe. Berlin : GITO-Verlag, 2009.

Höhl, Wolfgang. 2009. *Interaktive Ambiente mit Open-Source-Software*. Wien : Springer Verlag, 2009.

Höhn, Reinhard. 2007. AK Vorgehensmodellkatalog - Gesellschaft für Informatik e.V. *Gesellschaft für Informatik e.V.* [Online] 2007. [Zitat vom: 9. Mai 2009.] http://www.wi-vm.gi-ev.de/arbeitskreise0/ak-vmk0.html.

inside-online.de. 2009. Das Eisenhower Prinzip. *inside-online.de*. [Online] 2009. [Zitat vom: 17. Mai 2009.] http://www.inside-online.de/pdf/Eisenhower-Prinzp.pdf.

Institut für angewandte Forschung Heilbronn. 2008. Die Hochschule Heilbronn. *Institut für Angewandte Forschung Heilbronn.* [Online] 2008. [Zitat vom: 30. Juli 2009.] http://iaf.hs-heilbronn.de/attach/Bilder/HSHN%202008%20Ostseite.jpg.

Issing, Ludwig J. und Klimsa, Paul. 2002. *Information und lernen mit Multimedia und Internet.* Weinheim : Beltz Psychologische Verlags Union, 2002.

Java Community Process. 2006. JSR-000223 Scripting for the JavaTM Platform. *Java Community Process - Community Development of Java TEchnology Specifications.* [Online] 11. Dezember 2006. [Zitat vom: 26. Mai 2009.] http://jcp.org/aboutJava/communityprocess/final/jsr223/index.html.

java.net. 2009. About Project Wonderland. *Project Wonderland About.* [Online] 2009. [Zitat vom: 25. Mai 2009.] http://wiki.java.net/bin/view/Javadesktop/ProjectWonderlandAbout#VisionAndGoals .

java.net. 2009. Client System Requirements. *Project Wonderland About.* [Online] 2009. [Zitat vom: 25. Mai 2009.] http://wiki.java.net/bin/view/Javadesktop/ProjectWonderlandAbout#ClientSystemRequirements.

java.net. 2009. Project Wonderland: Toolkit for Building 3D Virtual Worlds. *Looking Glass 3D: Project Wonderland.* [Online] 2009. [Zitat vom: 25. Mai 2009.] https://lg3d-wonderland.dev.java.net/.

Jeckle, Mario, et al. 2004. *UML 2 glasklar.* München Wien : Carl Hanser Verlag, 2004.

Kappel, Gerti, et al. 2004. *Web Engineering - Systematische Entwicklung von Web-Anwendungen.* Heidelberg : dpunkt.verlag GmbH, 2004.

Khronos. 2009. COLLADA - Digital Asset and FX Exchange Schema. *Khronos - Open Standards for Media Authoring and Acceleration.* [Online] 2009. [Zitat vom: 29. Mai 2009.] http://www.khronos.org/#top.

Klaß, Christian. 2008. Erster Avatar-Teleport von Second Life zu OpenSim. *Golem.de.* [Online] 7. September 2008. [Zitat vom: 23. Mai 2009.] http://www.golem.de/0807/60954.html.

Kopp, Oliver. 2005. Abbildung von EPKs nach BPEL anhand des Prozessmodellierungswerkzeugs Nautilus. *uni-stuttgart.de.* [Online] 21. Oktober 2005. [Zitat vom: 25. Juli 2009.] ftp://ftp.informatik.uni-stuttgart.de/pub/library/medoc.ustuttgart_fi/DIP-2341/DIP-2341.pdf.

Kraus, Andreas, Knapp, Alexander und Koch, Nora. 2007. Model-Driven Generation of Web Applications in UWE. *RWTH Aachen University.* [Online] 2007. [Zitat vom: 25. April 2009.] http://ftp.informatik.rwth-aachen.de/Publications/CEUR-WS/Vol-261/paper03.pdf.

Kroiß, Christian. 2008. Modellbasierte Generierung von Web-Anwendungen mit UWE (UML-based Web Engineering). *LMU - Institut für Informatik.* [Online] 23. Juni 2008. [Zitat vom: 17. April 2009.]

http://www.pst.ifi.lmu.de/projekte/uwe/publications/christian_kroiss_Ausarbeitung_DA_final.pdf.

Krömker, Heidi und Klimsa, Paul. 2005. *Handbuch Medienproduktion.* Wiesbaden : VS Verlag für Sozialwissenschaften, 2005.

Krone, Oliver. 2003. Webfähige interaktive 3D-Visualisierung von Proteinstrukturen. *Universität Osnabrück.* [Online] 29. April 2003. [Zitat vom: 23. Juli 2009.] http://www-lehre.informatik.uni-osnabrueck.de/~okrone/DIP/Diplomarbeit.html.

Linden Research Inc. 2009. Sculpted Prims: 3d Software Guide. *Second Life Wiki.* [Online] 18. Juli 2009. [Zitat vom: 24. Juli 2009.] http://wiki.secondlife.com/wiki/Sculpted_Prims:_3d_Software_Guide.

Linden Research Inc. 2009. Systemanforderungen. *Second Life.* [Online] 2009. [Zitat vom: 18. Juni 2009.] http://secondlife.com/support/sysreqs.php?lang=de.

Linden Research Inc. 2009. Was ist Second Life? *Secondlife.com.* [Online] 2009. [Zitat vom: 3. Mai 2009.] http://de.secondlife.com/whatis.

Lober, Andreas. 2007. *Virtuelle Welten werden real.* s.l. : Heise, 2007.

Meinke, Knut. 2006. Die Spielemechanik eines MMORPG verständlich erklärt. *digital-environment.net.* [Online] 13. November 2006. [Zitat vom: 2. Mai 2009.] http://www.digital-environment.net/mmorpg-news/13-11-2006/die-spielemechanik-eines-mmorpg-s-verstandlich-erklart.html.

Metaversum GmbH. 2009. Twinity - Download. *twinity.com.* [Online] Mai 2009. [Zitat vom: 3. Mai 2009.] http://www.twinity.com/de/home/client_download/new.

Metaversum GmbH. 2009. Twinity - Powered by Real Life. *twinity.com.* [Online] Mai 2009. [Zitat vom: 3. Mai 2009.] http://www.twinity.com/de.

Nourie, Dana. 2008. Dana in Geeksville. *Experimenting with World Creation.* [Online] 17. Oktober 2008. [Zitat vom: 24. Mai 2009.] http://blogs.sun.com/DanaInGeeksville/entry/experimenting_with_world_creation_project.

opensim. 2009. opensim (opensim) on Twitter. *Twitter.* [Online] 20. Mai 2009. [Zitat vom: 20. Mai 2009.] http://twitter.com/opensim.

Opensimulator.org. 2009. Hypergrid. *Opensimulator.org.* [Online] 2009. [Zitat vom: 22. Mai 2009.] http://opensimulator.org/wiki/Hypergrid.

Opensimulator.org. 2009. Library preparation. *Opensimulator.org.* [Online] 2009. [Zitat vom: 23. Juli 2009.] http://opensimulator.org/wiki/Library_Preparation.

Opensimulator.org. 2009. RemoteAdmin. *RemoteAdmin - OpenSim.* [Online] 7. Juli 2009. [Zitat vom: 12. Juli 2009.] http://opensimulator.org/index.php?title=RemoteAdmin&action=history.

OSGrid Inc. 2009. OSGrid.org. *OSGrid.org.* [Online] 2009. [Zitat vom: 27. Juli 2009.] http://www.osgrid.org/elgg/.

Pirkola, Jani, Probert, Simon und Hulsmann, Ralf. 2009. 3D Web - has lunch finally arrived for all those multi-dimensional giant alien spiders out there..? *Maxping.org - Reporting on opensource virtual worlds, 3D web and immersive internet.* [Online] 25. April 2009. [Zitat vom: 29. Mai 2009.] http://www.maxping.org/technology/misc/lunchtime-for-giant-alien-spiders.aspx.

Radeon3D.org. 2009. Datenbank. *Radeon3D.org.* [Online] Mai 2009. [Zitat vom: 26. Mai 2009.] http://www.radeon3d.org/datenbank/.

realXtend. 2008. Open source virtual world realXtend gets industry support. *realXtend - Open Source Platform for interconnected virtual worlds.* [Online] 29. September 2008. [Zitat vom: 4. August 2009.] http://www.realxtend.org/page.php?pg=news&s=20080929.

realXtend. 2009. realXtend Introduction. *realXtend - Open source platform for interconnected virtual worlds.* [Online] 27. Februar 2009. [Zitat vom: 22. Mai 2009.] http://www.realxtend.org/page.php?pg=main.

Ross, Alan. 2009. Interaction Branding - Markenkommunikation durch Interaktion - Glossar. *Interaction Branding.* [Online] 2009. [Zitat vom: 19. Mai 2009.] http://interaction-branding.org/8-0-Glossar.html.

Rusdorf, Stephan. 2008. Aspekte der Echtzeit-Interaktion mit virtuellen Umgebungen. *TU Chemnitz Archiv.* [Online] 31. März 2008. [Zitat vom: 23. Juni 2009.] http://archiv.tu-chemnitz.de/pub/2008/0067/data/Dissertation_public.pdf.

Saint-Moulin, Benoit. 2007. 3D software comparisons table. *The Dream Team 3D.* [Online] 7. November 2007. [Zitat vom: 26. Mai 2009.] http://www.tdt3d.be/articles_viewer.php?art_id=99.

Sawhney, Monica. 1995. *Entwicklung eines Vorgehensmodells für die Multimedia-Anwendungsentwicklung am Beispiel eines Informations- und Orientierungssystems.* Osnabrück : Universität Osnabrück Fachbereich Wirtschaftswissenschaften, 1995.

Scherp, Ansgar. 2001. Vorgehensmodell und Entwicklungsmethodik für virtuelle Labore. *Universität Oldenburg.* [Online] 26. August 2001. [Zitat vom: 14. März 2009.] http://www-is.informatik.uni-oldenburg.de/publications/489.pdf.

Scheurich, J. 2001. VRML-Autorenwerkzeuge. *VRML/X3D (Virtual Reality Modeling Language) unter Unix/Linux: 3D-Welten im WWW.* [Online] 2001. [Zitat vom: 25. Mai 2009.] http://vrml.cip.ica.uni-stuttgart.de/linuxtag/editoren.html.

Schlüter, O. 1998. *VRML: Sprachmerkmale, Anwendungen, Perspektiven.* 1. Auflage. Köln : O'Reilly Verlag, 1998.

Schmidt, Ansgar. 2007. 3D-Internet ist der nächste Umbruch. *TDNet.de.* [Online] 12. März 2007. [Zitat vom: 23. Februar 2009.] http://www.zdnet.de/news/wirtschaft_telekommunikation_3d_internet_ist_der_naechste_umbruch_story-39001023-39152560-1.htm.

Second Life Grid. 2009. Wie eine Konferenz in Second Life IBMs Technologie-Elite von der virtuellen Welt überzeugte. *Secondlifegrid.net.* [Online] 2009. [Zitat vom: 3. Mai 2009.] http://secondlifegrid.net/casestudies/IBM_de.

Sommerville, Ian und Philippsborn, H E. 2001. *Software Engineering.* 6. Edition. München : Addison-Wesley-Verlag, 2001.

Srinivasan, Savitha, et al. 2001. Engineering the Web for Multimedia. *Web Engineering.* Lecture Notes in Computer Science, 2001, Bd. 2016.

Strunck, Michael. 2009. Willkommen bei OpenSIM.de. *OpenSIM.de - Anleitung, Handbuch, Wissensdatenbank, HowTo.* [Online] 2009. [Zitat vom: 22. Mai 2009.] http://www.opensim.de/.

Sun Microsystems Inc. 2009. Project Wonderland in the Age of Immersive Education. *sun.com.* [Online] 19. März 2009. [Zitat vom: 12. Mai 2009.] https://slx.sun.com/files/GEH-VUG-March-Wonderland.pdf.

The New World Grid Regents. 2008. RemoteAdminPHPClass. *opensimtools.* [Online] 2008. [Zitat vom: 31. Juli 2009.] http://code.google.com/p/opensimtools/wiki/RemoteAdminPHPClass.

The Standish Group. 2009. Chaos 2009. *Standish Newsroom.* [Online] 23. April 2009. [Zitat vom: 18. Mai 2009.] http://www.standishgroup.com/newsroom/chaos_2009.php.

ThinkBalm. 2008. Immersive Internet. *ThinkBalm - Immersive Internet insight & expertise.* [Online] 2008. [Zitat vom: 29. Mai 2009.] http://thinkbalm.com/immersive-internet/.

Tremblett, Paul. 2009. JSR 223: Scripting for the Java Platform. *Dr. Dobb's.* [Online] 8. März 2009. [Zitat vom: 25. Mai 2009.] http://www.ddj.com/java/215801163.

Wartmann, Carsten. 2007. *Das Blender-Buch.* Heidelberg : dpunkt.verlag GmbH, 2007.

Waters, Kelly. 2007. 10 Good Reasons To Do Agile Development. *All About Agile.* [Online] 10. Juni 2007. [Zitat vom: 3. Mai 2009.] http://www.agile-software-development.com/2007/06/10-good-reasons-to-do-agile-development.html.

Web 3D Consortium. 2009. What ist X3D? *web 3D Consortium.* [Online] 2009. [Zitat vom: 5. Mai 2009.] http://www.web3d.org/about/overview/.

Weidenmann, B. 2001. Lernen mit Medien. [Buchverf.] A. Krapp und B. Weidenmann. *Pädagogische Psychologie.* 4. Auflage. Weinheim : Beltz Psychologische Verlags Union, 2001.

wikipedia.org. 2009. Nvidia-Geforce-7-Serie. *Nvidia-Geforce-7-Serie.* [Online] 19. Mai 2009. [Zitat vom: 26. Mai 2009.] http://de.wikipedia.org/wiki/Nvidia-GeForce-7-Serie.

Wilhelmy, Jochen. 1997. 3D Studio File Format Information (3dsinfo.txt). *jalix.org.* [Online] 6. August 1997. [Zitat vom: 28. Mai 2009.] http://www.jalix.org/ressources/graphics/3DS/_unofficials/3ds-info.txt.

Winfuture.de. 2007. Google SketchUp 6 Deutsch: 3D-Modelle erstellen. *Winfuture.de.* [Online] 21. September 2007. [Zitat vom: 28. Mai 2009.] http://winfuture.de/news,34503.html.

Wittkopp, Dirk. 2008. 3D Internet for Business. *Der MFG Innovation Park.* [Online] 2008. [Zitat vom: 25. Juli 2009.] http://www.secondlife.mfg-innovation.de/wp-content/uploads/2009/090422_Infoabend_Virtuelle-Welten_Vortrag_Wittkopp.pdf.

Anhang

3d Studio Max File Format (.3ds) Chunk-Tree-Referenz[133]

```
Color chunks
------------
  0x0010 : Rgb (float)
  0x0011 : Rgb (byte)
  0x0012 : Rgb (byte) gamma corrected
  0x0013 : Rgb (float) gamma corrected

Percent chunks
--------------
  0x0030 : percent (int)
  0x0031 : percent (float)

0x4D4D : Main chunk
-------------------
  0x0002 : 3DS-Version

  0x3D3D : 3D editor chunk
  ------------------------
    0x0100 : One unit
    0x1100 : Background bitmap
    0x1101 : Use background bitmap
    0x1200 : Background color
    0x1201 : Use background color
    0x1300 : Gradient colors
    0x1301 : Use gradient
    0x1400 : Shadow map bias
    0x1420 : Shadow map size
    0x1450 : Shadow map sample range
    0x1460 : Raytrace bias
    0x1470 : Raytrace on
    0x2100 : Ambient color

    0x2200 : Fog
      0x2210 : fog background
    0x2201 : Use fog
    0x2210 : Fog background

    0x2300 : Distance queue
      0x2310 : Dim background
    0x2301 : Use distance queue
    0x2302 : Layered fog options
    0x2303 : Use layered fog
```

---
[133] Vgl. (Wilhelmy, 1997), WWW

```
0x3D3E : Mesh version

0x4000 : Object block
---------------------
  0x4010 : Object hidden
  0x4012 : Object doesn't cast
  0x4013 : Matte object
  0x4015 : External process on
  0x4017 : Object doesn't receive shadows

  0x4100 : Triangular mesh
   0x4110 : Vertices list
   0x4120 : Faces description
     0x4130 : Faces material list
   0x4140 : Mapping coordinates list
     0x4150 : Smoothing group list
   0x4160 : Local coordinate system
   0x4165 : Object color in editor

   0x4181 : External process name
   0x4182 : External process parameters

  0x4600 : Light
   0x4610 : Spotlight
     0x4627 : Spot raytrace
     0x4630 : Light shadowed
     0x4641 : Spot shadow map
     0x4650 : Spot show cone
     0x4651 : Spot is rectangular
     0x4652 : Spot overshoot
     0x4653 : Spot map
     0x4656 : Spot roll
     0x4658 : Spot ray trace bias

   0x4620 : Light off
   0x4625 : Attenuation on
   0x4659 : Range start
   0x465A : Range end
   0x465B : Multiplier

  0x4700 : Camera

0x7001 : Window settings
  0x7011 : Window description #2 ...
  0x7012 : Window description #1 ...
  0x7020 : Mesh windows ...

0xAFFF : Material block
-----------------------
  0xA000 : Material name
  0xA010 : Ambient color
```

0xA020 : Diffuse color
0xA030 : Specular color

0xA040 : Shininess percent
0xA041 : Shininess strength percent

0xA050 : Transparency percent
0xA052 : Transparency falloff percent
0xA053 : Reflection blur percent

0xA081 : 2 sided
0xA083 : Add trans
0xA084 : Self illum
0xA085 : Wire frame on
0xA087 : Wire thickness
0xA088 : Face map
0xA08A : In tranc
0xA08C : Soften
0xA08E : Wire in units

0xA100 : Render type

0xA240 : Transparency falloff percent present
0xA250 : Reflection blur percent present
0xA252 : Bump map present (true percent)
0xA200 : Texture map 1
0xA33A : Texture map 2
0xA210 : Opacity map
0xA230 : Bump map
0xA33C : Shininess map
0xA204 : Specular map
0xA33D : Self illum. map
0xA220 : Reflection map
0xA33E : Mask for texture map 1
0xA340 : Mask for texture map 2
0xA342 : Mask for opacity map
0xA344 : Mask for bump map
0xA346 : Mask for shininess map
0xA348 : Mask for specular map
0xA34A : Mask for self illum. map
0xA34C : Mask for reflection map

Sub-chunks for all maps:
  0xA300 : Mapping filename
  0xA351 : Mapping parameters
  0xA353 : Blur percent
  0xA354 : V scale
  0xA356 : U scale
  0xA358 : U offset
  0xA35A : V offset
  0xA35C : Rotation angle

0xA360 : RGB Luma/Alpha tint 1
0xA362 : RGB Luma/Alpha tint 2
0xA364 : RGB tint R
0xA366 : RGB tint G
0xA368 : RGB tint B

0xB000 : Keyframer chunk

 0xB001 : Ambient light information block
 0xB002 : Mesh information block
 0xB003 : Camera information block
 0xB004 : Camera target information block
 0xB005 : Omni light information block
 0xB006 : Spot light target information block
 0xB007 : Spot light information block
 0xB008 : Frames (Start and End)
  0xB010 : Object name, parameters and hierarchy father
  0xB013 : Object pivot point
  0xB015 : Object morph angle
  0xB020 : Position track
  0xB021 : Rotation track
  0xB022 : Scale track
  0xB023 : FOV track
  0xB024 : Roll track
  0xB025 : Color track
  0xB026 : Morph track
  0xB027 : Hotspot track
  0xB028 : Falloff track
  0xB029 : Hide track
  0xB030 : Hierarchy position

Keyword-Referenz des Wavefront-Object-Formats nach Datentyp[134]

Vertex data:
- v Geometric vertices
- vt Texture vertices
- vn Vertex normals
- vp Parameter space vertices

Free-form curve/surface attributes:
- deg Degree
- bmat Basis matrix
- step Step size
- cstype Curve or surface type

Elements:
- p Point
- l Line
- f Face
- curv Curve
- curv2 2D curve
- surf Surface

Free-form curve/surface body statements:
- parm Parameter values
- trim Outer trimming loop
- hole Inner trimming loop
- scrv Special curve
- sp Special point
- end End statement

Connectivity between free-form surfaces:
- con Connect

---

[134] (FileFormat.info, 1996), WWW

Grouping:
- g   Group name
- s   Smoothing group
- mg   Merging group
- o   Object name

Display/render attributes:
- bevel   Bevel interpolation
- c_interp   Color interpolation
- d_interp   Dissolve interpolation
- lod   Level of detail
- usemtl   Material name
- mtllib   Material library
- shadow_obj   Shadow casting
- trace_obj   Ray tracing
- ctech   Curve approximation technique
- stech   Surface approximation technique

Ausführliche Darstellung des 3DWebVM nach dessen theoretischer Ausarbeitung (theoretisches Phasenmodell)

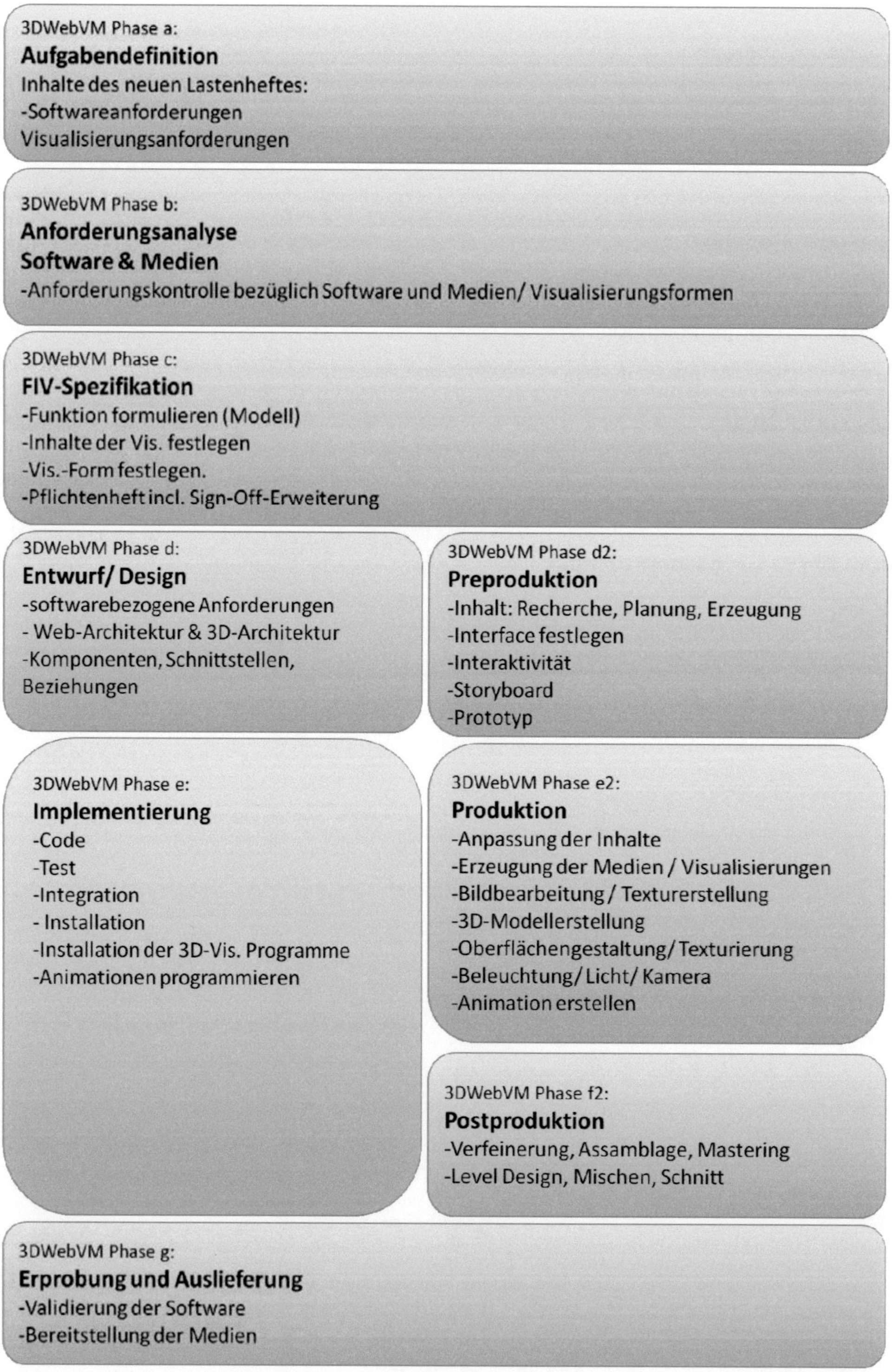

3DWebVM Phase a:
Aufgabendefinition
Inhalte des neuen Lastenheftes:
-Softwareanforderungen
Visualisierungsanforderungen

3DWebVM Phase b:
Anforderungsanalyse Software & Medien
-Anforderungskontrolle bezüglich Software und Medien/ Visualisierungsformen

3DWebVM Phase c:
FIV-Spezifikation
-Funktion formulieren (Modell)
-Inhalte der Vis. festlegen
-Vis.-Form festlegen.
-Pflichtenheft incl. Sign-Off-Erweiterung

3DWebVM Phase d:
Entwurf/ Design
-softwarebezogene Anforderungen
- Web-Architektur & 3D-Architektur
-Komponenten, Schnittstellen, Beziehungen

3DWebVM Phase d2:
Preproduktion
-Inhalt: Recherche, Planung, Erzeugung
-Interface festlegen
-Interaktivität
-Storyboard
-Prototyp

3DWebVM Phase e:
Implementierung
-Code
-Test
-Integration
- Installation
-Installation der 3D-Vis. Programme
-Animationen programmieren

3DWebVM Phase e2:
Produktion
-Anpassung der Inhalte
-Erzeugung der Medien / Visualisierungen
-Bildbearbeitung / Texturerstellung
-3D-Modellerstellung
-Oberflächengestaltung/ Texturierung
-Beleuchtung/ Licht/ Kamera
-Animation erstellen

3DWebVM Phase f2:
Postproduktion
-Verfeinerung, Assamblage, Mastering
-Level Design, Mischen, Schnitt

3DWebVM Phase g:
Erprobung und Auslieferung
-Validierung der Software
-Bereitstellung der Medien

Abbildung 63: Ausführliche Darstellung des 3DWebVM
(Quelle: Eigenentwicklung)

Praktisch angepasstes Phasenmodell des 3DWebVM

3DWebVM Phase a:
Aufgabendefinition
Inhalte des Lastenheftes:
-Softwareanforderungen und Anforderungen an die zu erzeugende 3D-Welt

3DWebVM Phase b:
Anforderungsanalyse
Software & Medien
- Anforderungskontrolle bezüglich Software und Medien
- 3D-Plattform vorschlagen

3DWebVM Phase c:
FI-Spezifikation
-Funktion formulieren (Modell)
-Inhalte der 3D-Visualisierung festlegen
-Pflichtenheft incl. Sign-Off-Erweiterung anfertigen
-3D-Plattform festlegen

3DWebVM Phase d:
Entwurf/ Design
-softwarebezogene Anforderungen
- Web-Architektur & 3D-Architektur
-Komponenten, Schnittstellen und Beziehungen entwickeln

3DWebVM Phase d2:
Preproduktion
-3D-Workflow-Tools installieren
-Inhalte recherchieren, planen, erzeugen
-Wiederverwendbare 3D-Modelle suchen
-Storyboard schreiben
-Umfangreichen Prototyp bauen

3DWebVM Phase e:
Implementierung
-Code
-Test
-Integration
- Installation
-Animationen programmieren

3DWebVM Phase e2:
Produktion
-Verfeinerung des Storyboards
-Bildbearbeitung / Texturerstellung
-3D Modellerstellung
-Oberflächengestaltung/Texturierung
-Beleuchtung/ Licht/ Kamera
-Animation erstellen

3DWebVM Phase f2:
Postproduktion
-Verfeinerung
-Assemblage
-Level Design

3DWebVM Phase g:
Erprobung und Auslieferung
-Validierung der Software
-Überprüfung der 3D-Welt-Inhalte
-Auslieferung des 3D-Web-Softwaresystems

Abbildung 64: Praktisch angepasstes Phasenmodell
(Quelle: Eigenentwicklung)

RemoteAdmin Commands

Name	Description	Parameters
admin_create_region	Create a new region	region_name, region_id (optional), region_master_first, region_master_last, region_master_uuid (optional), region_master_password, listen_ip, listen_port (integer), external_address, region_x (integer), region_y (integer), persist (optional)
admin_delete_region	Delete a region	region_name
admin_modify_region	Modify a region	region_name, region_id (optional), public, enable_voice
admin_region_query	Query the 'health' of a region	region_uuid or region_name
admin_shutdown	Shut down the simulator	shutdown (optional, expects 'delayed'), milliseconds
admin_broadcast	Send a general alert	message
admin_restart	Restart Region	regionid
admin_load_heightmap	Load Height Map	filename, regionid
admin_create_user	Create a new user	user_firstname, user_lastname, user_password, start_region_x, start_region_y
admin_create_user_email	Create a new user (alias for admin_create_user)	user_firstname, user_lastname, user_password, start_region_x, start_region_y
admin_exists_user	Check whether a certain user account exists	user_firstname, user_lastname
admin_update_user	Update the password/home of a user account	user_firstname, user_lastname, user_password, start_region_x, start_region_y
admin_load_xml	Execute the Load XML command	filename, region_uuid (or region_name), xml_version
admin_save_xml	Execute the Save XML command	filename, region_uuid (or region_name), xml_version
admin_load_oar	Load a saved OAR file into a region	filename, region_uuid (or region_name)
admin_save_oar	Saved an OAR file of a regions contents	filename, region_uuid (or region_name)
admin_region_query	Query the 'health' of a region	region_uuid or region_name
admin_acl_list	Retrieve a list of users who can access the region	region_uuid or region_name
admin_acl_clear	Clear the access list for the region	region_uuid or region_name

admin_acl_add	Add a list of users to the access control list	region_uuid or region_name, users
admin_acl_remove	Remove a list of users from the access control list	region_uuid or region_name, users

Tabelle 23: Übersicht RemoteAdmin Commands

(Quelle: (Opensimulator.org, 2009), WWW)

Autorenprofil

Arthur Kunz wurde 1978 in Alma-Ata geboren und setzt sich seit seiner Jugend mit dem Internet und 3D-Games auseinander. Schon immer war ihm klar, dass beide Bereiche irgendwann zusammenfinden würden. Aus diesem Grund hat sich der Verfasser schon während des Studiums der Wirtschaftsinformatik in der Fachrichtung Electronic Business an der Hochschule Heilbronn sowohl mit den verschiedenen Aspekten des Internet als auch mit virtuellen 3D-Welten auseinandergesetzt. Das dabei erworbene Wissen trägt der Autor in diesem Buch zusammen und wendet es auf die Fragestellung „Wie lassen sich internetbasierte 3D-Welten systematisch erzeugen?" an.